• 中国孩子的汉字启蒙书 •

汉字！汉字！
汉字原来如此

有画面的字

小豆丫 编绘

华夏出版社
HUAXIA PUBLISHING HOUSE

图书在版编目（CIP）数据

汉字！汉字！汉字原来如此.有画面的字/小豆丫编绘. --北京：华夏出版社，2018.7
ISBN 978-7-5080-9455-7

Ⅰ．①汉… Ⅱ．①小… Ⅲ．①汉字－少儿读物 Ⅳ．①H12-49

中国版本图书馆 CIP 数据核字（2018）第057455号

汉字！汉字！汉字原来如此：有画面的字

编　　绘	小豆丫
策划编辑	杨小英
责任编辑	杨小英
责任印制	顾瑞清

出版发行	华夏出版社
经　　销	新华书店
印　　装	三河市万龙印装有限公司
版　　次	2018年7月北京第1版　2018年7月北京第1次印刷
开　　本	720×1030　1/16开
印　　张	10
字　　数	100千字
定　　价	36.00元

华夏出版社　网址：www.hxph.com.cn　地址：北京市东直门外香河园北里4号　邮编：100028
若发现本版图书有印装质量问题，请与我社营销中心联系调换。电话：（010）64663331（转）

前 言
每个孩子都应该有一本汉字书

1

古人说:"物有本末,事有终始,知所先后,则近道矣。"世间的诸多学问,没有人是生而知之的,从小小的孩童到大大的学问家,从无知的懵懂到清楚的洞达,都需要一步步地从头学习。要学习,就不得不认识字,识字是孩子们成长中最可贵的技能。

2

汉字虽然是象形文字,但是在演变过程中,却渐渐失去了原来的形状,看起来不那么象形了。因此孩子学起来会有难度,也不容易提起兴趣。为了方便孩子们的学习,《汉字!汉字!汉字原来如此》将汉字的演变作了梳理,从汉字最初的形象入手,让孩子们看到形状就能认得汉字。

3

《汉字!汉字!汉字原来如此》共收入375个汉字,根据"六书"原理(象形、指事、会意、形声、转注、假借),同时根据现代汉字结构规律,分为五册。选取了该字的甲骨文、金文、小篆、楷书,揭示汉字的诞生、演化过程;同时选取了经典的汉字故事,包含历史故事、神话传说、文化习俗,最后是汉字密码。书中的每一个汉字都是一幅美丽的画,都有一个动人的故事。

4

《汉字!汉字!汉字原来如此》是这样一本书:

第一,必学。375个汉字,都是义务教育阶段孩子必须掌握的汉字。

第二，形象。配以甲骨文字字形的精美插图，以及该字的演变图，孩子只需用擅长的形象思维来学习汉字即可，不容易失去学习的兴趣。

第三，有趣。并非枯燥的文字讲解，汉字知识与趣味故事完美结合，让孩子了解汉字文化，掌握汉字精髓！

第四，深入。因为展现了汉字演变的过程，同时以通俗的语言解释了其意义的变化，因此，孩子能更深入地理解每个汉字的意义。

第五，权威。以《汉语大字典》《古文字诂林》《甲骨文编》《甲骨文字典》《甲骨文字诂林》《金文编》《金文大字典》《说文解字》等为参考资料，选编字形。

5

汉字生生不息，中华文明薪火相传。每一个汉字的演变，都有一个故事、一种情怀。让孩子们看懂中国字，读懂中国心，体会汉字的温度，领略真正的汉字之美，让孩子学会用温暖的心去阅读，学会感受中国的汉字文化，并为之自豪。让孩子们都做堂堂正正的中国人！

6

需要说明的是：书中所选取的历史故事、寓言、神话故事等因为中国地域广阔、民族众多，再加上口耳相传的方式，使这些故事的面貌呈现多样化，流传下来的版本略有不同或相去甚远，同一神话形象在不同的版本中也有不同的故事和身份。所以，在整理编排的时候，我们查阅了大量的古籍资料，以最原始版本为底本，辅以重要参考文献，选取最真实、经典的版本。当然，即使这样，书中难免也存在不妥之处，敬请广大读者批评指正。

目录

◎ 日 · · · · · · · · 2
◎ 月 · · · · · · · · 4
◎ 云 · · · · · · · · 6
◎ 雨 · · · · · · · · 8
◎ 火 · · · · · · · · 10
◎ 水 · · · · · · · · 12

◎ 山 · · · · · · · · 14
◎ 石 · · · · · · · · 16
◎ 土 · · · · · · · · 18
◎ 川 · · · · · · · · 20
◎ 田 · · · · · · · · 22
◎ 龟 · · · · · · · · 24

◎ 鱼 · · · · · · · · 26
◎ 贝 · · · · · · · · 28
◎ 羊 · · · · · · · · 30
◎ 牛 · · · · · · · · 32
◎ 马 · · · · · · · · 34
◎ 鹿 · · · · · · · · 36

◎豕⋯⋯⋯38
◎象⋯⋯⋯40
◎兔⋯⋯⋯42
◎虎⋯⋯⋯44
◎犬⋯⋯⋯46
◎能⋯⋯⋯48
◎角⋯⋯⋯50

◎毛⋯⋯⋯52
◎龙⋯⋯⋯54
◎虫⋯⋯⋯56
◎蛇⋯⋯⋯58
◎鸟⋯⋯⋯60
◎燕⋯⋯⋯62

◎雀⋯⋯⋯64
◎凤⋯⋯⋯66
◎羽⋯⋯⋯68
◎飞⋯⋯⋯70
◎爪⋯⋯⋯72
◎草⋯⋯⋯74

- ◎ 木 · · · · · · · · 76
- ◎ 禾 · · · · · · · · 78
- ◎ 米 · · · · · · · · 80
- ◎ 果 · · · · · · · · 82
- ◎ 瓜 · · · · · · · · 84
- ◎ 丝 · · · · · · · · 86

- ◎ 竹 · · · · · · · · 88
- ◎ 向 · · · · · · · · 90
- ◎ 行 · · · · · · · · 92
- ◎ 西 · · · · · · · · 94
- ◎ 东 · · · · · · · · 96
- ◎ 高 · · · · · · · · 98
- ◎ 京 · · · · · · · · 100

- ◎ 亭 · · · · · · · · 102
- ◎ 囱 · · · · · · · · 104
- ◎ 巾 · · · · · · · · 106
- ◎ 衣 · · · · · · · · 108
- ◎ 户 · · · · · · · · 110
- ◎ 门 · · · · · · · · 112

- 开 · · · · · · · 114
- 关 · · · · · · · 116
- 井 · · · · · · · 118
- 几 · · · · · · · 120
- 床 · · · · · · · 122
- 卜 · · · · · · · 124

- 力 · · · · · · · 126
- 弓 · · · · · · · 128
- 刀 · · · · · · · 130
- 矛 · · · · · · · 132
- 盾 · · · · · · · 134
- 车 · · · · · · · 136

- 舟 · · · · · · · 138
- 网 · · · · · · · 140
- 册 · · · · · · · 142
- 仓 · · · · · · · 144
- 皿 · · · · · · · 146
- 鼎 · · · · · · · 148
- 穴 · · · · · · · 150

有画面的字

1·日

字里乾坤

rì

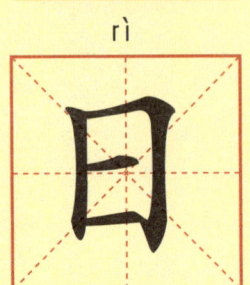

趣话汉字

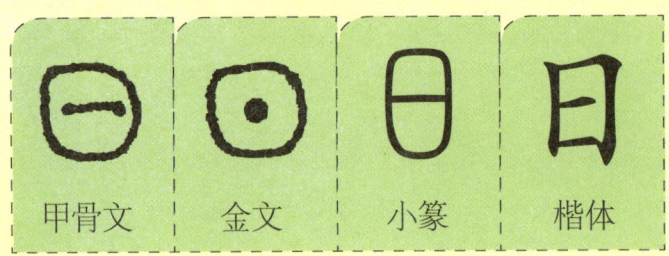

| 甲骨文 | 金文 | 小篆 | 楷体 |

日，象形字。旭日东升，"日"就是太阳，甲骨文在天体形状的圆圈内加一横，表示发光特性。金文承续甲骨文字形，将中间一点写成球体状。篆文将中间短横与方框连接，字形开始抽象化，渐渐变成我们今天看到的字形。

汉字故事

后羿射日 (hòu yì shè rì)

传说，在辽阔的东海边，矗(chù)立着一棵神树扶桑，树枝上栖息着十只三足乌。它们是东方神帝俊的儿子，每日轮流上天遨(áo)游，三足乌能够放射光芒，就是人们看见的太阳。

后来，十只三足乌不听东方神的指示，都抢着上天，天空中就同时出现了十个太阳，大地上草枯了，土也焦了，炎热无比。人们只好白天躲在山洞里，黑夜出来觅食。猛兽毒虫借机残害人们，人类面临灭绝的危险。消息传到天上，帝俊就赐给后羿(yì)一张红色的弓、一袋白色的箭，叫他下凡，一方面惩治妖魔怪兽，同时也教训教训他的这些太阳儿子。

可这些三足乌根本不把后羿放在眼里，照样一齐上天逞威逞强。后羿大怒，选择背阴之处拉弓搭箭，瞄准太阳中心处的三足乌射去。他箭无虚发，一连射下九只三足乌。人们围着他连声喝彩。三足乌一死，火光自灭，人们顿时感到清凉爽快，于是欢呼雀跃。帝俊见九个儿子已死，不禁大发雷霆(tíng)，不准后羿再回天庭。他也不得不命令仅存的那只三足乌日日遨游，不得休息。

知识密码

日曜(yào)日——

在古代星期记法中，日、月、火、水、木、金、土七个星合称"七曜"，古代的中国、韩国、日本、朝鲜都分别用它们来称一个星期的七天，"日曜日"排在第一位，就是星期日，其余以此类推。

2. 月

字里乾坤

yuè

月

趣话汉字

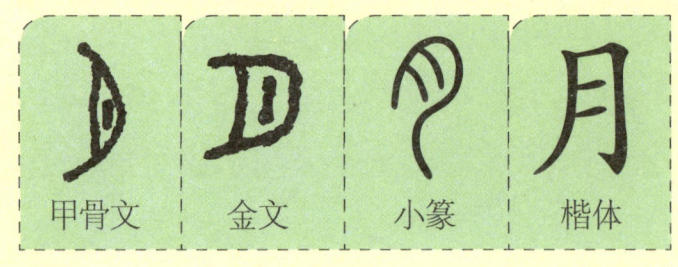

| 甲骨文 | 金文 | 小篆 | 楷体 |

月，象形字。甲骨文在半圆形中加了一短竖，表示半圆形天体发光的特性，也就是"一弯皓月悬中天"的形象。随着演变，字形一步步变形，慢慢失去半圆形象，里面也变成了两小短横。

汉字故事

嫦娥奔月与中秋节
（cháng é bēn yuè yǔ zhōng qiū jié）

传说射日的后羿(yì)有一个妻子，名叫嫦娥，她美丽贤惠，心地善良，大家都喜欢她。一个老道人十分钦佩后羿的神力和为人，赠他一包长生不老药，吃了可以升天，长生不老。后羿舍不得心爱的妻子和乡亲，不愿自己一人升天，就把长生不老药交给嫦娥收藏起来。

后羿有个徒弟叫逢蒙，是个奸诈小人，一心想偷吃后羿的长生不老药。这一年的八月十五，后羿带着徒弟们出门打猎去了。天近傍晚，找借口未去打猎的逢蒙闯进嫦娥的住所，威逼嫦娥交出可以升天的长生不老药。嫦娥迫不得已，仓促间把药全部吞到肚里，之后她便飘出窗口，直上云霄(xiāo)，最后到月亮上停了下来。

听到消息，后羿心如刀绞，拼命朝月亮追去。可是，他永远也追不上。后羿思念嫦娥，望着月亮出神。此时月亮也格外圆格外亮，就像妻子在望着自己。后来，后羿每年都和乡亲们在月光下祭月，寄托对嫦娥的思念。由于八月十五正值中秋，就定为中秋节。

知识密码

朔(shuò)月——

当月亮在轨道上绕行到太阳和地球之间，月亮的黑暗半球对着地球时，这时叫朔，正是农历每月的初一，所以农历每月初一叫朔日。而在这个时候，我们是看不见月亮的，因此称为朔月。

3. 云

字里乾坤

yún

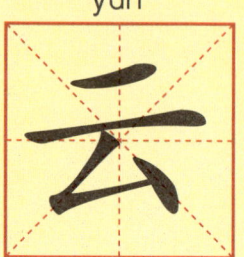

趣话汉字

| 甲骨文 | 金文 | 小篆 | 楷体 |

云，象形字。甲骨文字形上面两笔表示天空，在下面加一弯舒卷的线条，就是表示气流在天上流动。金文、篆文承续甲骨文字形，将下面写成了舒卷的气流状，突出流动形象。到了楷书，字形开始变得规范简洁，舒卷的线条也变成了现在看到的直笔。

汉字故事

筋斗云 (jīn dǒu yún)

筋斗云，又作斤斗云，是中国神怪小说《西游记》中孙悟空飞行时所乘之云，一个筋斗便能行十万八千里。

据《西游记》中的描述，孙悟空在灵台方寸山斜月三星洞拜菩提祖师学会了七十二般变化后，一日祖师问孙悟空又学会了什么，孙悟空答已能腾云驾雾，祖师便要孙悟空试飞来看。但见孙悟空动作怪异，除了翻筋斗上天之外，来去也只不过三里路，根本称不上腾云。孙悟空恳求祖师传授能日游四海的腾云驾雾之法，于是祖师便依孙悟空异于平常的翻筋斗动作特别授予筋斗云，并教他驾驭之术，当天夜里孙悟空就学会了。从此以后，孙悟空靠着金箍（gū）棒、七十二般变化和筋斗云战胜了很多妖怪。

筋斗云虽然厉害，但是也有不灵的时候。《西游记》里，孙悟空大闹天宫时和如来佛打赌，要是他能跳出如来佛的手掌心，就可以坐玉帝的位子。后来孙悟空像风车一样地翻筋斗云也没能跳出如来佛的手掌心，最后被压在五行山下了。

知识密码

南岳云雾茶——

云雾茶因产于南岳的高山云雾之中而得名，从唐代以来就作为向皇帝朝贡的"贡品"。云雾茶以色绿、香浓、味醇（chūn）、形秀著称，在国内外享有盛誉。

4. 雨

字里乾坤

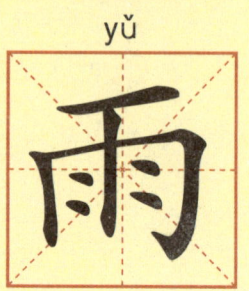

趣话汉字

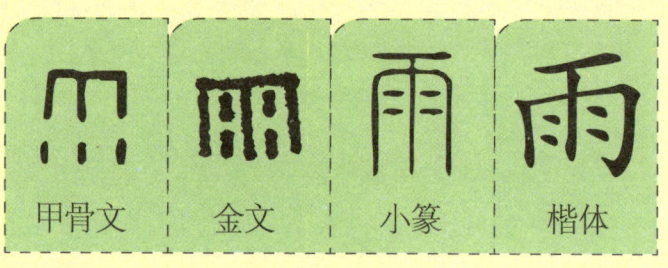

| 甲骨文 | 金文 | 小篆 | 楷体 |

　　雨，象形字。甲骨文上部一条横线表示高空的云层，下垂的六条短线表示下落的雨水。金文继承甲骨文字形，线条有断有续。篆文又在最上面添加了一条横线，很可能是表示"天"，自此"雨"的字形开始定型，逐渐成为今天的样子。

汉字故事

风伯雨师
fēng bó yǔ shī

风伯和雨师是古代神话传说中的人物。风伯又称风师、箕伯，他的名字叫飞廉(lián)，原来是蚩(chī)尤的师弟；雨师是炎帝神农氏时施雨的雨师，又称萍翳(yì)，也叫号屏，又叫玄冥，其实也就是赤松子。

风伯从掌八风消息的"风母"那里学会了致风、收风的奇术，而雨师赤松子有一种能随着风雨飘来飘去的本领。蚩尤部落和黄帝部落发生战争时，传说蚩尤就请来了风伯、雨师来施展法术。他们一施法，突然间风雨大作，使黄帝部众迷失了方向。

后来，黄帝布下出奇制胜的阵势，又利用了风母所制造的指南车，辨别了风向，才把蚩尤打败。赤松子仍然是雨师，风伯被黄帝降伏，乖乖地做了掌管风的神灵，作为天帝出巡的先锋，他负责打扫路上的一切障碍。后来，每当天帝出巡，总是雷神开路，雨师洒水，风伯扫地。

知识小密码

梅雨季节——

在中国长江中下游地区、台湾，日本中南部以及韩国南部等地，每年6、7月份都会出现持续天阴有雨的气候现象，由于正是江南梅子的成熟期，故称其为"梅雨"，此时段便被称作梅雨季节。

5 火

字里乾坤

huǒ

火

趣话汉字

甲骨文　古陶文　小篆　楷体

　　火,象形字。甲骨文字形与"山"相似,像地面上的三股腾腾热焰。古陶文省去地面,将连在一起的三股焰苗分离,将主焰两边的焰苗简化成撇和捺。至此,"火"的字形与"山"的字形才明显区别开来。后来的字体都是继承这种形式,也就是我们现在看到的"火"字。

汉字故事

火神祝融杀鲧
huǒ shén zhù róng shā gǔn

上古尧帝时期，洪水滔天，浸山灭陵，天下的黎民百姓生活于水深火热之中。尧帝想治理洪水，便下令禹的父亲鲧去治理洪水。

九年过去了，鲧的治水毫无成效。后来，鲧知道天上有一种称为"息壤(rǎng)"的宝物，只要用一点投向大地，它马上就会生长起来，积成山，堆成堤。于是，鲧便想办法到天上，偷了息壤到人间。

他用息壤堵塞洪水，大地终于渐渐看不见洪水踪迹了。但是，天帝知道息壤被窃后，非常生气，就派火神祝融下凡，在羽山把鲧杀死，并夺回了余下的息壤。后来，天帝就命祝融监视人间的治水工作，命他掌管一方水域。由于祝融属南方之神，所以就合水火为一神，兼任南海之神了。

知识密码

火把节——

火把节是彝(yí)族、白族、纳西族、基诺族、拉祜(hù)族的传统节日，被称为"东方的狂欢节"。不同的民族举行火把节的时间不同，大多在农历的六月二十四，主要活动有斗牛、斗羊、斗鸡、赛马、摔跤等。

6 水

字里乾坤

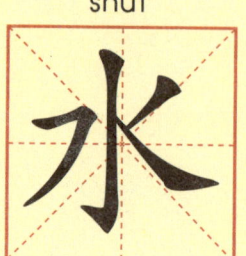

shuǐ

趣话汉字

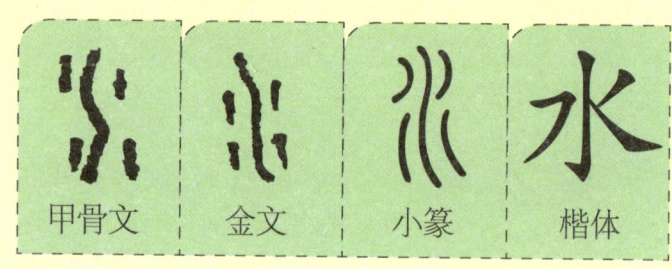

| 甲骨文 | 金文 | 小篆 | 楷体 |

水，象形字。甲骨文的四个点之中有一条曲线，表示弯弯曲曲的水流之形。金文和篆文的字形基本上与甲骨文相同，而到了楷书，已经看不出流水之形，字形更加美观，也就是我们今天看到的样子。值得注意的是，"水"的所有字形表示的都是动态的水流。

汉字故事

gāo shān liú shuǐ
高山流水

春秋时代，有一名琴艺十分高超的乐师，名为俞伯牙。伯牙有一位特别了解他的朋友，名叫钟子期。

一天，伯牙弹琴给钟子期听。伯牙弹《高山流水》，心中想到了挺拔的高山，钟子期听后拍手赞叹道："伯牙，你弹得真是太好了，就好像巍(wēi)峨(é)挺拔的高山屹(yì)立在我的面前。"伯牙心中想到流水，钟子期听后高兴地说道："真是妙极了！这琴声宛如奔腾不息的江河从我面前流过。"他们俩融融洽洽，连游人也赞叹道："钟子期真是俞伯牙的知音呀！"

可惜，几年后钟子期去世了，伯牙泣不成声，悲痛欲绝。伯牙想："子期死了，谁又能说出我的心意呢？那弹琴又有什么意思呀！"想完，他又爱惜地抚摸着琴，长叹一声，便把自己心爱的琴"啪"的一声摔碎，决定终身再也不弹琴。

知识密码

泼水节——

泼水节是傣(dǎi)族的新年，在公历的四月中旬，一般持续3～7天。第一天叫"麦日"，与农历的除夕相似；第二天叫"恼日"；第三天叫"叭网玛"，意为岁首，人们把这一天视为最美好、最吉祥、最欢乐的日子。

7. 山

字里乾坤

shān

趣话汉字

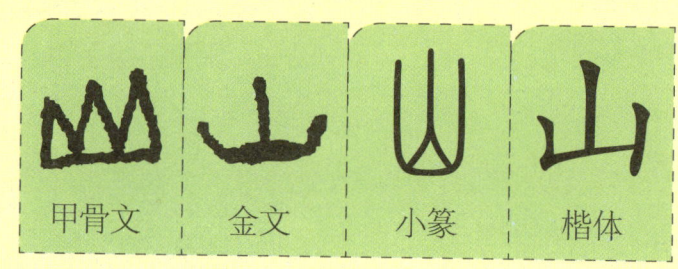

| 甲骨文 | 金文 | 小篆 | 楷体 |

山，象形字。甲骨文就像连绵起伏的群峰，有三个峰头。金文继承甲骨文字形，只是写成了剪影。随着演变，到了楷书，为了书写方便，将实体山变成单线，但三个山峰还仍然保存，也就是现在看到的字形。"黄河远上白云间，一片孤城万仞山。"青山绿水永远让人无限向往。

汉字故事

愚公移山
yú gōng yí shān

太行、王屋是两座山，方圆七百里，有一个叫愚公的人，年纪将近九十岁，面对着山居住。他苦于大山阻塞交通，就召集全家来商量说："我和你们尽全力铲除险峻的大山，使道路一直通畅，可以吗？"大家纷纷表示赞成。于是愚公率领子孙中三个能挑担的人，凿(záo)石挖掘泥土用簸(bò)箕(jī)装土石运到渤海边。冬夏换季，才往返一次。

河湾上一个聪明的老头想劝愚公停止干这件事，说："你太不聪明了！就凭你衰老的年龄和剩下的力量，连山上的一棵草都不能损坏，又能把这两座大山上的土石怎么样呢？"愚公长叹说："即使我死了，我还有儿子在；儿子又生孙子，孙子又生儿子；儿子又有儿子，儿子又有孙子；子子孙孙没有穷尽，然而山却不会加大增高，愁什么山挖不平呢？"聪明的老头没有话来回答。

山神将这件事告诉了天帝。天帝被他的诚心所感动，命令大力神夸娥(é)氏的两个儿子背着两座山，一座放在朔东，一座放在雍(yōng)南。从此，冀(jì)州的南部到汉水南岸，没有山冈高地阻隔了。

知识密码

《山海经》——

《山海经》是一部荒诞不经的奇书。传世的《山海经》共计18卷，包括《山经》5卷，《海经》13卷，保存了如夸父逐日、女娲补天、精卫填海、大禹治水等许多脍炙人口的远古神话传说和寓言故事。

8 石

字里乾坤

shí

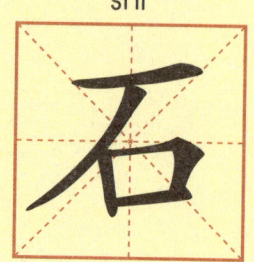

趣话汉字

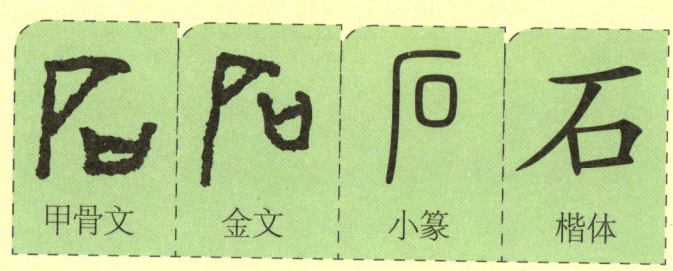

| 甲骨文 | 金文 | 小篆 | 楷体 |

石，象形字。甲骨文像三角旗的部分是山崖，右下角的"口"形部分代表石块。字形演变过程中，山崖形逐渐变成了"厂"，字形更加规范美观。在山林和道旁都可以看到石头，它常常是山间赶路人休憩的好地方。

汉字故事

滴水穿石
dī shuǐ chuān shí

宋朝时,有个叫张乖崖的人,在崇阳县担任县令。

有一天,他在衙(yá)门周围巡行,看到一个管理县钱库的小吏慌慌张张地从钱库中走出来,说钱库失窃了。张乖崖判断库吏可能监守自盗,便让随从对库吏进行搜查,结果,在库吏的头巾里搜到一枚铜钱。张乖崖把库吏押回大堂审讯,库吏不承认另外偷过钱,张乖崖便下令拷(kǎo)打。库吏怒冲冲地说道:"偷了一枚铜钱有什么了不起,你竟这样拷打我?你也只能打我,难道你还能杀我?"

张乖崖看到库吏竟敢这样顶撞自己,不由得十分愤怒,他宣判说:"一日一钱,千日千钱,绳锯木断,水滴石穿。"意思是说,一天偷盗一枚铜钱,一千天就偷了一千枚铜钱。用绳子不停地锯木头,木头就会被锯断;水滴不停地滴,能把石头滴穿。判决完毕,张乖崖吩咐衙役把库吏押到刑场,斩首示众。从此以后,崇阳县的偷盗风被刹住,社会风气也大大地好转。后来,"滴水穿石"这一成语就用来比喻坚持不懈,集合细微的力量也能成就很大的功劳。

知识密码

王安石——

王安石字介甫(fǔ),号半山居士,是唐宋八大家之一,曾任北宋宰相。在宋神宗的支持下,他曾以"富国强兵"为宗旨大规模推行改革变法运动,最后以失败告终。

9 土

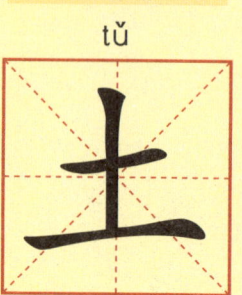

字里乾坤

tǔ

趣话汉字

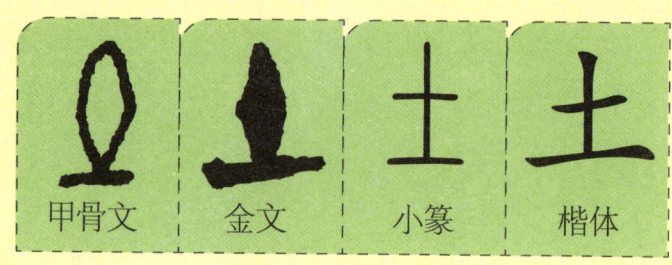

| 甲骨文 | 金文 | 小篆 | 楷体 |

土，象形字。甲骨文的字形表示从地面上突起来的一堆土。金文继承甲骨文，只是将虚心变成实心罢了。从篆文开始，"土"的字形基本就确立了。古人非常敬重土，有土就有农业，有农业就有衣食，所以人们将这种堆起来的土看成神，并祭拜它。

汉字故事

楚人一炬，可怜焦土
（chǔ rén yí jù, kě lián jiāo tǔ）

秦二世时，陈胜吴广揭竿起义，天下各路群雄都加入了推翻秦王朝统治的队伍。刘邦乘机举事，攻下函谷关。项羽入关后，看到了金碧辉煌的阿(ē)房(páng)宫。阿房宫是秦朝的宫殿，是秦始皇嬴(yíng)政为纪念一个女子所建的。

据说，嬴政小时候在赵国邯(hán)郸(dān)城生活，爱上一个邯郸女子，名阿房，他统一天下后想立她为后，却遭到众大臣反对，只因她是赵女。阿房为了不让嬴政为难，便上吊自杀。秦始皇为了纪念这个自己深爱过的女子，修建了阿房宫。

建阿房宫花费了太多人力物力，不知死了多少人，项羽一气之下，就点了一把火，把这座被称为"天下第一宫"的宫殿烧成了一片废墟。

后来，唐朝诗人杜牧作了《阿房宫赋》来纪念它，里面说到"楚人一炬，可怜焦土"。因为项羽是楚人，而且当时被称为西楚霸王，楚人也就特指项羽，所以杜牧赋称楚人一炬。后来，人们就把财物被焚称为"付之一炬"。

知识密码

土家族——

土家族自称"毕兹(zī)卡""孟兹"，是一个古老的民族，主要分布在长江以南的武陵山地区，湘、鄂(è)、渝(yú)、黔(qián)四省接壤地。

10 川

字里乾坤

chuān

趣话汉字

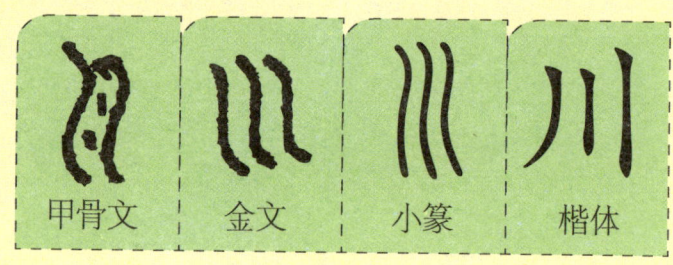

| 甲骨文 | 金文 | 小篆 | 楷体 |

川，象形字。甲骨文像一条形状弯弯曲曲的河流，中间的几点表示水流。金文将水中的点去掉了，这是为了书写方便，之后的字形都是继承这样的字形。古人说大城市里车水马龙，川流不息，其中提到的"川"就是指大城市中的人流、车流。

汉字故事

百川归海
bǎi chuān guī hǎi

《淮南子》中写道：我们的祖先早先住在山洞里和水旁边，衣着非常简陋，生活十分艰苦。后来出了圣人，他带领人们建造宫室，这样人们才从山洞里走出来，住进了可以躲避风雨寒暑的房子。圣人又教人们制造农具和武器，用来耕作和捕杀猛兽，使人们的生活比过去有了保障。后来，圣人又制礼作乐，定出各种各样的规矩，使人们有了礼节和约束。

由此可见，社会是不断发展的，人们不总是用一个方式生活。所以对古时候的制度，如果不再适合，就应该废除，而现在的制度，如果适合使用，就应该发扬。以上的一切都说明，像千百条来自不同源头的江河，但最后都会流入大海一样，各人做的事不同，但都是为了更好地治理社会，过更美好的生活。

这个故事说的就是《淮南子》中的那句话："百川异源，而皆归于海。"后人用"百川归海"来比喻许多分散的事物汇集到一个地方，还比喻人心所向，众望所归。

知识密码

三川——

三川地区是指古老的先秦时代的中原地区，古称中国，又称中土，位于中国中部的中原腹地，也就是今天的河南省洛阳地区。

11 田

字里乾坤

tián

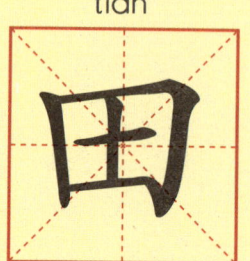

趣话汉字

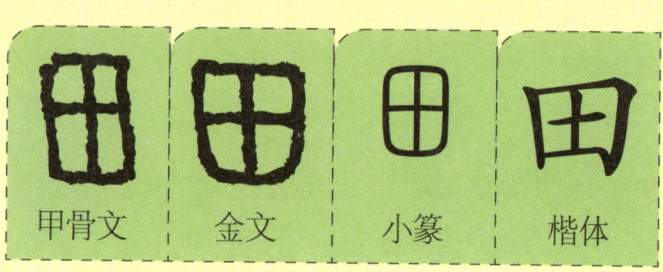

| 甲骨文 | 金文 | 小篆 | 楷体 |

田，象形字。甲骨文就像在一片垄亩上画出一横一纵的四个方格，表示阡陌纵横的无数井田。后来的字形基本承续甲骨文字形，更加简化和规范，和现在的字形差别不大。所谓"四海无闲田"，阡陌纵横的农耕之地就是老百姓生存的基本保障。

汉字故事

瓜田李下
guā tián lǐ xià

唐朝唐文宗时,大书法家柳公权是一个忠良耿直、能言善谏(jiàn)的人,担任工部侍郎。当时有个叫郭宁的官员,把两个女儿送进宫中,之后郭宁被派到邮宁做官,人们对这件事议论纷纷。

皇帝就问柳公权:"郭宁是太皇太后的继父,官封大将军,当官以来没有什么过失,现在只让他当邮宁这个小小地方的主官,又有什么不妥呢?"柳公权说:"按照郭宁的贡献和功绩来说,派他到邮宁去当主官,原本是合理合情,没什么好争议的,可是议论的人都以为郭宁是因为进献两个女儿入宫,才得到这个官职的。"唐文宗说:"郭宁的两个女儿是进宫陪太后的,并不是献给朕的。"柳公权回答:"可是瓜田李下的嫌疑,人们哪能都分辨得清呢?"

"瓜田李下"是从古乐府《君子行》中的诗句"瓜田不纳履(lǚ),李下不整冠"引申来的。它告诉人们,在瓜田里就不要提鞋子,免得人家怀疑摘瓜;在李树下就不要整理帽子,免得人家怀疑摘李子。

知识密码

井田制——

井田制是中国古代的土地制度。西周时期,道路和沟渠纵横交错,把土地分隔成方块,形状像"井"字,因此称"井田"。井田属周王所有,分配给庶民使用,领主不得买卖和转让,还要交一定的贡赋。

12 龟

字里乾坤

gui

趣话汉字

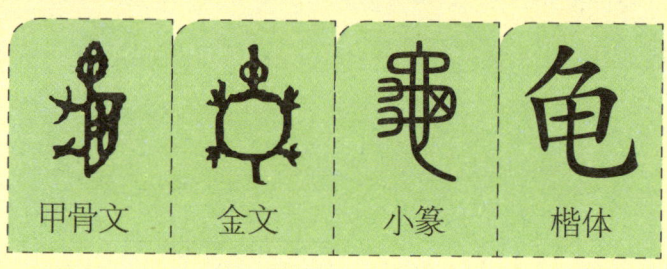

| 甲骨文 | 金文 | 小篆 | 楷体 |

龟,象形字。甲骨文的上部是乌龟的头,朝左是乌龟的两只脚,朝右是乌龟背,这是龟的侧视图。到了金文,变成了龟的上视图,上部是头,中间是圆形背,左右两侧是乌龟的四只脚,最下部是一条小尾巴。到了篆文和楷书,字形开始变得更复杂。最后,汉字简化,就变成我们今天看到的"龟"字了。

汉字故事

金龟换酒的友谊

唐天宝元年,诗人李白来到京城长安。他在长安没有一个朋友,就孤身一人住在小客店里。一天,他到一座著名的道观去游玩,碰见了著名诗人贺知章。贺知章很早就读过李白的诗,极为景仰,这次偶然相逢,就亲切地攀(pān)谈起来。

黄昏时分,贺知章邀请李白去饮酒,在酒店刚坐下,才想起身边没有带钱。他想了想,便把腰间的金饰龟袋解下来,作为酒钱。李白阻拦说:"使不得,这是皇家按品级给你的饰品,怎好拿来换酒呢?"贺知章仰面大笑说:"这算得了什么?我记得你的诗句,'人生得意须尽欢,莫使金樽空对月'。"

两人都能喝酒,直到尽兴时才告别。后来,贺知章向皇帝推荐李白,皇帝也久闻李白大名,于是就任命李白为翰林学士。后来贺知章去世,李白独自饮酒,怅然有怀,想起当年金龟换酒,便写下《对酒忆贺监二首》的著名诗篇。

知识密码

龟山——

龟山在古代被称为翼(yì)际山,它位于武汉市汉阳城北,为武汉市名胜古迹较多的三山之一。它前临长江,北带汉水,西背月湖,南濒(bīn)莲花湖,威武盘踞,和武昌蛇山夹江对峙,地势十分险峻。

13. 鱼

字里乾坤

yú

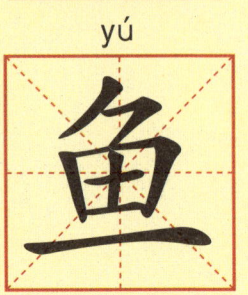

趣话汉字

| 甲骨文 | 金文 | 小篆 | 楷体 |

鱼，象形字。"鹰击长空，鱼翔浅底。"甲骨文是一条鱼的形状。后来由于书写需要，鱼尾变成了四个点。1949年后，将四点变成一横，就是现在的"鱼"字了。

汉字故事

缘木求鱼 (yuán mù qiú yú)

战国时,齐宣王想称霸(bà)天下。孟子劝他放弃武力,用仁政征服天下。

孟子说:"大王动员全国军队攻打别国,这是为什么?"齐宣王回答说:"为了满足我最大的欲望。"孟子问:"您最大的欲望是什么?"齐宣王笑了笑,没有回答。孟子接着问:"是因为好东西不够吃吗?是因为好东西不够穿吗?是因为没有好艺术品看吗?还是因为侍候您的人太少?"齐宣王连忙说:"不,不,我不是为了这些。"

孟子说:"那么,我明白了。您是想征服天下,是不是?如果是,我看好比缘木求鱼,是不能达到您的目的的。"齐宣王说:"会有这样严重吗?"孟子说:"恐怕比这还严重。爬树捉鱼,最多是捉不到,不至于有什么祸害。如果以武力满足自己独霸天下的欲望,不但达不到目的,而且其后果不堪设想。"

后来,人们就用缘木求鱼比喻方法不对,徒劳无功。

知识密码

人鱼的传说——

人鱼一般被认为是传说中的水生生物,通常上半身或头部为人,下半身是鱼尾,主要为雌(cí)性,经常出现于各地传说与童话中,据说日本大阪(bǎn)市瑞龙寺收藏有一具人鱼标本。

14 贝

字里乾坤

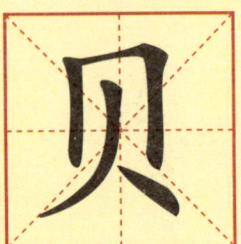

bèi

趣话汉字

| 甲骨文 | 金文 | 小篆 | 楷体 |

贝，象形字。甲骨文像一种水生甲壳动物的外形。金文承续甲骨文字形，突出了水生动物的两根触须。篆文承续金文字形，已经接近现代"贝"的写法了。后来汉字简化，就只剩下四笔了。"贝"这种软体水生动物的外壳美观、经久、难得，被古人视为珍奇，后来还发展为原始货币。

汉字故事

鲛人的传说
jiāo rén de chuán shuō

　　鲛人是中国神话传说中鱼尾人身的生物。在传说中，它们可以运用海底浮力开采石块，并且搭脚手架种植快速生长的珊(shān)瑚(hú)生物，以此建造海底城市。一个中等鲛人城市约有千人，普通村落近百人。鲛人还有货币，如海星、龟壳等，但最通用的是一种较稀有、很难人工培育、直径大致相同的金色珍珠，叫珠铭。因为少有，在海中它们也使用包含这种珍珠的活贝，称为合币。一些亲近人类的鲛族还会在海边与人族进行贸易，多以物易物，有时也会接受陆上稀有的货币。

　　总之，传说中的"鲛人"神秘而美丽，它们生产的鲛绡据说入水不湿，它们哭泣的时候，眼泪会化为珍珠。其实，鲛人很可能是生活在南海外岛屿上的居民，与中国有贸易往来。

知识密码

呼伦贝尔草原——

　　呼伦贝尔草原是一代天骄成吉思汗的出生地，位于大兴安岭以西，由呼伦湖、贝尔湖而得名，是我国目前保存最完好的草原，水草丰美，有"牧草王国"之称。

15 羊

字里乾坤

yáng

趣话汉字

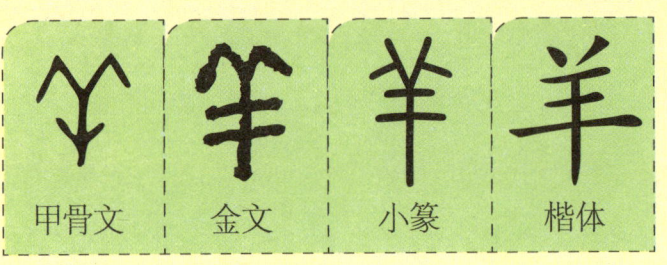

| 甲骨文 | 金文 | 小篆 | 楷体 |

羊，象形字。甲骨文像两角弯曲、鼻孔在鼻尖形成V形的动物。到了金文，一对大角向下弯曲，中间的一横表示左右的两只耳朵，最下端是羊的嘴巴。古人过着游牧生活，羊生活得好，繁殖得多，是一件"吉祥"的事，因此羊也即"祥"。

汉字故事

亡羊补牢，为时不晚
（wáng yáng bǔ láo，wéi shí bù wǎn）

从前，有个人养了一圈羊。一天早上他准备出去放羊，发现少了一只。原来羊圈破了个窟窿。夜间狼从窟(kū)窿(lóng)里钻进来，把羊叼走了。

邻居知道后就劝告他："赶快把羊圈修一修，堵上那个窟窿吧！"

这个人却不慌不忙，说："羊已经丢了，还修羊圈干什么呢？"他没有接受邻居的劝告。

第二天早上，他又准备出去放羊，到羊圈里一看，发现又少了一只羊。原来狼又从窟窿里钻进来，把羊叼走了。

这时，他才后悔万分，后悔自己没有接受邻居的劝告。邻居说："不要后悔了，亡羊补牢，为时不晚，现在补还来得及。"于是，他就立马堵上那个窟窿，把羊圈修补得结结实实。从此以后，他的羊就再也没有被狼叼走过。

"亡羊补牢，为时不晚"比喻出了问题以后想办法补救，可以防止继续受损失。

知识密码

羊脂白玉——

羊脂白玉又称"白玉""羊脂玉"，就是好似羊脂一样的玉石。古传"白璧(bì)无瑕(xiá)"中的"白璧"即指白玉，羊脂白玉属于玉中的优质品种，韧性和耐磨性是玉石中最强的，入土数千年也不会被土全部沁染。

16 牛

字里乾坤

niú

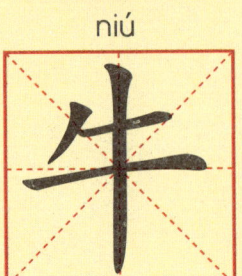

趣话汉字

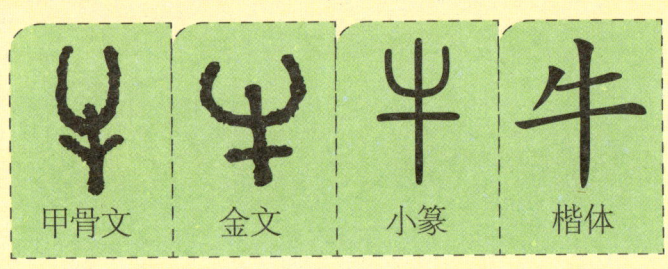

| 甲骨文 | 金文 | 小篆 | 楷体 |

牛,象形字。甲骨文是一个从正面看的牛头形象,两侧向上弯的部分是一双牛角,牛角之下向斜上方伸展的两笔是牛的一双耳朵。金文与甲骨文相似,只是将牛耳拉平,变成一条横线。之后的字形继续简化。牛是六畜之一,力大,能耕田拉车,是乡野农家的好帮手。

汉字故事

庖丁解牛 (páo dīng jiě niú)

有一个名叫庖丁的厨师替梁惠王宰牛，手接触的地方，肩靠着的地方，脚踩着的地方，膝顶着的地方，都发出皮骨相离声，刀子刺进去时响声更大，这些声音没有不合乎音律的。

梁惠王说："好啊！你的技术怎么会高明到这种程度呢？"

庖丁就说："我之所以能干得这样，主要是因为我已经熟悉了牛的全部生理结构。开始时，我眼中看到的都是一头一头全牛；现在，我看到的却没有一头是全牛了。哪里是关节，哪里有经络(luò)，从哪里下刀，需要用多大的力，全都心中有数。因此，我这把刀虽然已经用了十九年，解剖了几千头牛，但是还同新刀一样锋利。不过，如果碰到错综复杂的结构，我还是兢(jīng)兢业业，不敢怠慢，动作很慢，下刀很轻，聚精会神，小心翼翼的。"

梁惠王说："好呀！我从庖丁这番话里，学到了养生之道。"

后来，人们便用"庖丁解牛"来比喻经过反复实践，掌握了事物的客观规律，做起事来得心应手，运用自如。

知识密码

牛车——

牛车就是牛拉的车，早在3000年前的商代，我国就发明了牛车，当时的车为独辕(yuán)，车厢是方形或长方形，用于系马或系牛。从东汉末年起，牛车逐渐成为官员、贵族乃至皇帝的代步工具。

17 马

字里乾坤

mǎ

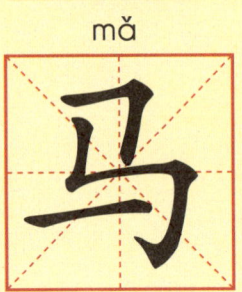

趣话汉字

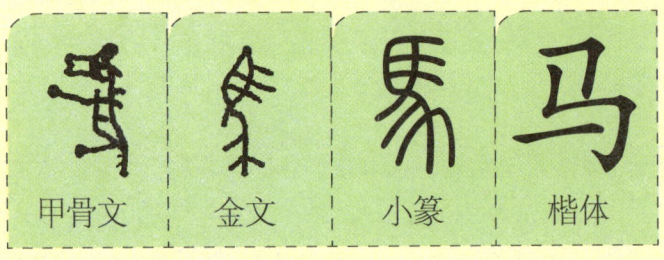

| 甲骨文 | 金文 | 小篆 | 楷体 |

马，象形字。"马"是一种会昂首怒吼的动物，勇猛无比。甲骨文的字形是头朝上尾朝下的一匹马，金文和篆文继承甲骨文的字形，马匹颈上鬃毛飞扬。后来为了方便，将字形简化，到了简体字，就只剩下三画了。

汉字故事

千里马与伯乐

春秋时期,有一个人叫孙阳,由于他对马的研究非常出色,人们便干脆称他为伯乐。

有一次,伯乐受楚王的委托,购买能日行千里的骏马。伯乐跑了好几个国家,可都没发现中意的良马。一天,伯乐从齐国返回,在路上看到一匹马拉着盐车,很吃力地在陡坡上行进。马累得呼呼喘气,每迈一步都十分艰难。伯乐对马向来亲近,不由得走到跟前。马见伯乐走近,突然昂起头来瞪大眼睛,大声嘶鸣。伯乐立即从声音中判断出,这是一匹难得的骏马。

于是,伯乐牵走千里马,来到楚王宫,楚王见伯乐牵的马瘦得不成样子,认为伯乐愚弄他,说:"我相信你会看马,才让你买马,可你买的是什么马呀,这马连走路都很困难,能上战场吗?"伯乐说:"这确实是匹千里马,不过拉了一段车,喂养得又不精心,所以看起来很瘦。只要精心喂养,不出半个月,一定会恢复体力。"

楚王一听将信将疑,命马夫尽力把马喂好。马变得越来越精壮。楚王跨马扬鞭,但觉两耳生风,喘息之间,马已跑出百里之外。

知识密码

秦始皇兵马俑——

秦始皇兵马俑位于今西安市临潼(tóng)区,是秦始皇陵的一部分陪葬品。秦始皇兵马俑是世界考古史上最伟大的发现之一,被誉为"世界第八大奇迹"。

18. 鹿

字里乾坤

lù

趣话汉字

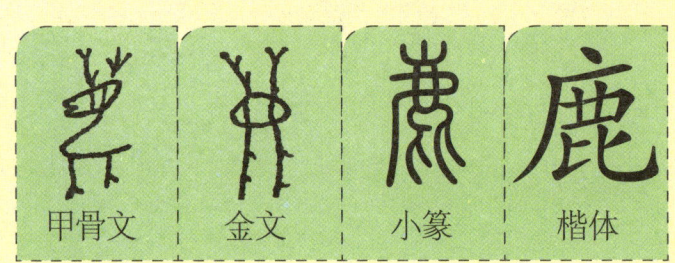

| 甲骨文 | 金文 | 小篆 | 楷体 |

鹿，象形字。甲骨文像长着一对枝状角的短尾四脚动物，金文基本承续甲骨文字形，篆文淡化了枝角，突出了四蹄。到了楷书，漂亮的鹿角形象完全消失，渐渐演化为我们今天看到的简化字形。鹿有好多种，传说圣诞老人骑的就是驯鹿。

汉字故事

指鹿为马
zhǐ lù wéi mǎ

秦二世时，丞相赵高野心勃勃，日夜盘算着要篡(cuàn)夺皇位。可朝中大臣有多少人能听他摆布，有多少人反对他，他心中没底。于是，他想了一个办法。

一天赵高让人牵来一只鹿，对秦二世说："陛下，我献给您一匹好马。"秦二世一看，便对赵高说："丞相搞错了，这里是一只鹿，你怎么说是马呢？"赵高面不改色心不慌地说："请陛下看清楚了，这的确是一匹千里好马。"秦二世又看了看那只鹿，将信将疑地说："马的头上怎么会长角呢？"赵高一看时机到了，用手指着众大臣们，大声说："陛下如果不信我的话，可以问问众位大臣。"

大臣们都被赵高的一派胡言搞得不知所措，一些胆小又有正义感的人都低下头，不敢说话；有些正直的人，坚持认为是鹿而不是马；还有一些平时就紧跟赵高的奸佞之人，立刻表示拥护赵高的说法，对皇上说："这的确是一匹千里马！"

事后，赵高就把那些不顺从自己的正直大臣纷纷治罪，甚至满门抄斩。

知识密码

鹿台——

鹿台是商纣王所建的宫苑建筑，地点应在商都附近。周武王发兵伐纣，商纣王拒之于牧野，两军发生大战。纣兵战败，商纣王见大势已去，逃到都城商邑(yì)的鹿台，自焚而死。

19. 豕

字里乾坤

shǐ

趣话汉字

| 甲骨文 | 金文 | 小篆 | 楷体 |

豕,象形字。甲骨文字形就像是一个大肚子的猪。金文上部是个猪头,头的两侧是两只左右张开的大耳朵,下面有腿和尾巴。篆文有所变形,猪形消失,字形开始定型。所以,"豕"其实就是猪,它是六畜之一,喜欢睡大觉。

汉字故事

三豕涉河
sān shǐ shè hé

春秋时期，孔子的学生子夏到晋国去。走着走着，他就到了卫国的境内。突然听到一个人正在读史书，说："晋国讨伐秦国，军队三豕涉河。"

子夏一听，就听出了问题，立马就去纠正他，说："不对，怎么晋国军队有三只猪过河呢？恐怕不是什么'三豕过河'，你读错了，这里不是三豕，而是己(jǐ)亥(hài)，因为己与三、亥与豕的字形相像，应该是己亥涉河才对。"

后来，那个读书人特意到晋国去核对，才知道晋国军队果然是己亥年过的河。

之后，人们就往往用"三豕涉河"或"三豕渡河"，来形容文字上出现错别字而且错得很可笑的情况。

知识密码

豕韦——

豕韦，韦地，韦国，是中国古代夏商时期黄河中下游的古国名，最早的豕韦国存在的时间比黄帝时期还早。同时，豕韦也是星宿名。

20 象

字里乾坤

xiàng

趣话汉字

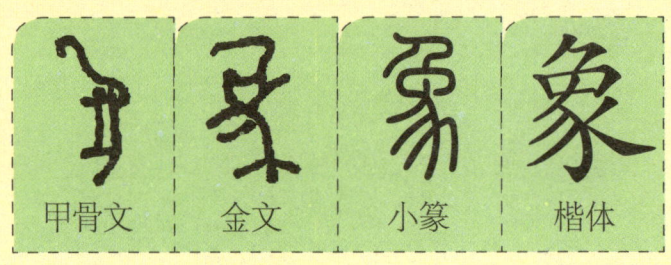

| 甲骨文 | 金文 | 小篆 | 楷体 |

象，象形字。甲骨文像一种长鼻、长牙的大型动物。金文略有变形，篆文直接将大象的长鼻写成"人"形，楷书已经完全失去长鼻的动物形象，朝简洁方向发展。因形体庞大优美，鼻子弯曲动感，富于视觉震撼力，古人遂以"象"借代万物之形。

汉字故事

盲人摸象
máng rén mō xiàng

从前,有四个盲人,他们很想知道大象到底是什么样子,可是他们看不见,只好用手摸。

第一个盲人走上前,他长得很胖,摸到了大象的牙齿。于是他就说:"我知道了,大象就像一个又大、又粗、又光滑的大萝卜。"

接着是一个高个子盲人,他走上前,摸到的是大象的耳朵。

"不对,不对,大象明明是一把大蒲扇嘛!"他大叫起来。

"你们净瞎说,大象只是根大柱子。"原来,一个矮个子盲人摸到了大象的腿。

最后一位年老的盲人不同意,嘟(dū)囔(nāng)道:"唉,大象哪有那么大,它只不过是一根草绳。"原来,他摸到的是大象的尾巴。

四个盲人争吵不休,都说自己摸到的才是大象真正的样子。但实际上他们一个也没说对。后来,人们就用"盲人摸象"来比喻看问题以偏概全的现象,同时告诉我们不能只看到事物的一部分,而应看全局,那样才能全面和真实地了解事物的情况。

知识密码

象脚鼓——

象脚鼓是傣族重要的民间乐器,因鼓身似象脚而得名,广泛用于歌舞和傣戏伴奏,受到景颇、佤、傈僳、拉祜、布朗、阿昌和德昂等族人民的喜爱。

21 兔

字里乾坤

趣话汉字

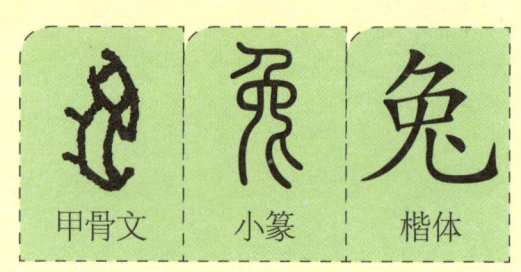

| 甲骨文 | 小篆 | 楷体 |

兔，象形字。甲骨文就是一只兔子的形象，头朝上，耳下垂，腹部朝左，还有前后腿，下部是向右弯曲的小尾巴。篆文承续甲骨文字形，字形从线条变为笔画，兔子形象已经变形，并逐步形成今天看到的样子。

汉字故事

守株待兔
shǒu zhū dài tù

相传在战国时代，宋国有一个农民，他每天日出而作，日落而息，勉强能养活自己，要是遇到好年景，就刚刚可以吃饱穿暖，要是遇到灾荒，他就要忍饥挨饿了。

他很想改善自己的生活，但他实在太懒了，胆子又很小，干什么都是又懒又怕，总想碰到送上门来的意外之财。

奇迹终于发生了。一天，他正在田里耕地，周围有人在打猎，吆喝之声四起，受惊的小野兽没命地奔跑。突然，有一只兔子冲了过来，不偏不倚，一头撞在他田边的树根上，立马死掉了。

他上前抓起兔子，心里很高兴，想着天上终于掉馅饼了，当天就美美地饱餐了一顿。晚上睡觉时，他不禁想：既然什么都不干，就有兔子自动送上门来，我为什么还要累死累活地工作呢？

从此，他便不再种地。一天到晚守着那神奇的树根，等着奇迹的出现，希望再有兔子撞过来。然而，野兔是不可能再次得到了，而他自己也被周围的人耻笑。

知识密码

月兔——

也叫玉兔，在一些神话传说中是居住在月球上的兔子。在许多文化中，特别是在东亚的民间传说和阿兹特克神话中，它常被塑造成用杵(chǔ)捣钵(bō)的形象。在中国神话中，月兔在月宫陪伴嫦娥并捣药。

22. 虎

字里乾坤

hǔ

趣话汉字

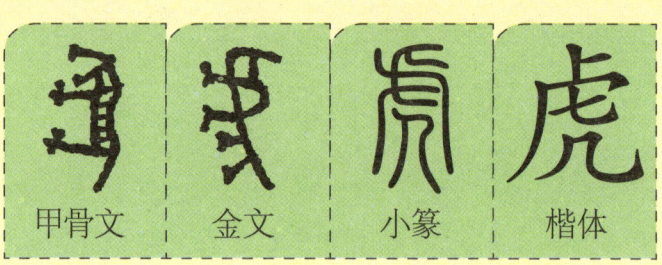

| 甲骨文 | 金文 | 小篆 | 楷体 |

虎，象形字。甲骨文像是头朝上、尾朝下、腿朝左的一只虎，身上还有花纹。金文继承甲骨文字形，篆文将金文字形底部的尾形写成"人"，表示虎是会袭击人类的猛兽。到了楷书，又将篆文的"人"形写成"几"，从此字形开始定型。

汉字故事

狐假虎威 (hú jiǎ hǔ wēi)

战国时代，当楚国最强盛的时候，楚宣王问群臣："我听说中原地区的诸侯都惧怕楚国的昭(zhāo)奚(xī)恤(xù)，果真是这样吗？"群臣没有能回答上来的。

一个叫江一的大臣走了出来，回答说："从前在某个山洞中有一只老虎，它寻找各种野兽来吃。有一天捉到一只狐狸，狐狸对老虎说：'你不该吃我，上天派我做百兽的首领，如果你吃掉我，就违背了上天的命令。你如果不相信我说的话，我在前面走，你跟在我的后面，看看群兽见了我，有哪一个敢不逃跑的？'老虎信以为真，于是就和狐狸同行，群兽见了老虎，都纷纷逃跑，老虎不知道群兽是害怕自己才逃跑的，却以为是害怕狐狸。现在大王的国土方圆五千里，大军百万，却由昭奚恤独揽大权。所以，北方诸侯害怕昭奚恤，其实是害怕大王的军队，这就像群兽害怕老虎一样啊。"

知识密码

唐伯虎——

唐寅，字伯虎，明朝著名的画家、诗人，与祝允明、文徵明、徐祯(zhēn)卿并称"江南四大才子"。他的画名更盛，与沈周、文徵明、仇英并称"吴门四家"，又称为"明四家"。

23 犬

字里乾坤

quǎn

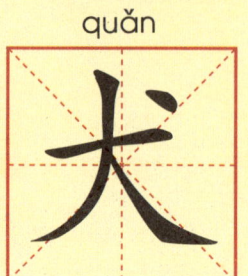

趣话汉字

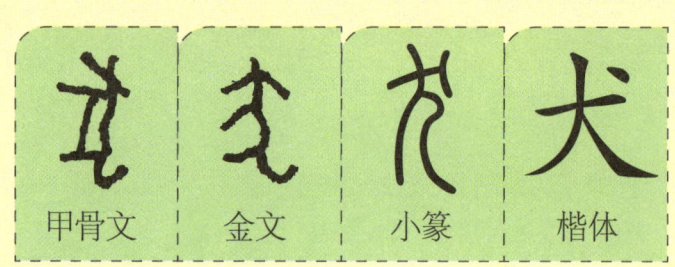

| 甲骨文 | 金文 | 小篆 | 楷体 |

犬，象形字。甲骨文像是一只头朝上、尾朝下、腿朝左的狗。金文继承甲骨文字形，头上左右两侧是两只耳朵，下部的尾巴向右卷起。但到了楷书，狗的形象完全消失，只简化成了四笔，意义不变。犬守夜，鸡司晨，犬就是狗，狗是人类忠实的好朋友。

汉字故事

虎落平阳被犬欺
（hǔ luò píng yáng bèi quǎn qī）

传说，周瑜嫉(jí)妒(dù)孔明的才能，有一天他设宴相请，并以对诗为名进行加害。孔明早已觉察周瑜的心意，便说："谁输了就砍谁的头。"

周瑜首先出诗一首："有水也是溪，无水也是奚。去掉溪边水，加鸟便是鸡，得志猫儿雄过虎，落毛凤凰不如鸡。"孔明立即对曰："有木也是棋，无木也是其。去掉棋边木，加欠便是欺。龙游浅水遭虾戏，虎落平阳被犬欺。"周瑜闻言大怒。

周瑜又吟诗一首："有目也是丑（与"瞅"同音），无目也是丑。去掉丑（与"瞅"同音）边目，加女便是妞，隆中女子生得丑，百里难挑一个妞。"孔明见周瑜奚落自己的夫人，也就毫不客气地反唇相讥，遂吟诵道："有木也是桥，无木也是乔。去掉桥边木，加女便是娇。江东美女数二乔，难护铜雀不锁娇。"

孔明的嘲讽，激得周瑜怒火万丈，暗令伏兵团团围住。鲁肃立即上前劝阻以诗指点："今日这事在破曹，龙虎相残大事糟。"周瑜恍然大悟，遂喝退刀斧手，与孔明共议破曹妙计，干出了后来流传千古的火烧赤壁的大事业。

知识密码

鹰犬——

唐朝，朝廷为彻底解决隋末农民起义的残余势力和各地的绿林豪强，刑部建六扇门为秘密训练基地，用于训练新锐少年。六扇门是一个集武林高手、密探、捕快和杀手于一体的秘密组织。

24 能

字里乾坤

néng

趣话汉字

| 金文 | 小篆 | 楷体 |

　　能，象形字。金文像一种大型动物，字形突出了它的大嘴和利爪。到了篆文，将金文字形中的熊头和大嘴写成"厶"和"月"，字形开始逐步定型。由此可见，"能"本来就是熊的意思，只是后来此义消失了。

汉字故事

文王梦飞熊
wén wáng mèng fēi xióng

周文王下令建了一座祭祀用的坛,起名叫"灵台",竣工之日,文王与群臣设宴庆贺,晚上就寝(qǐn)在灵台上。时至三更,正值梦中,文王忽见东南一只白额猛虎,胁生双翼,向帐中扑来。文王急叫左右,只听台后一声响,火光冲云霄,文王惊醒,吓出了一身汗,听台下已打三更,文王想此梦主何吉凶,待到天明,再作商议。

第二天,一个叫散宜生的大夫给文王圆梦,散宜生曰:"昔商高宗曾有飞熊入梦,得傅说于版筑之间。今主上梦虎生两翼者,乃熊也。"这个"飞熊"就是指的姜子牙。姜子牙,姓姜名尚,道号飞熊。当时姜子牙正在钓鱼,他钓鱼用的是直钩,并且说:"宁在直中取,不向曲中求;非为锦鳞,只钓王侯。"

后来姜子牙辅佐武王伐纣,牧野之战中纣兵大败,纣王登台自焚而死,从此商亡周立。

知识密码

贤能——

贤能是指贤良有才能的人。古代思想家墨子对于贤能的价值有着极其深刻的认识。他认为:应当选举贤者为官吏,选举贤者为天子国君。墨子的这种思想被后世的历代统治者所采纳。

25 角

字里乾坤

jiǎo

趣话汉字

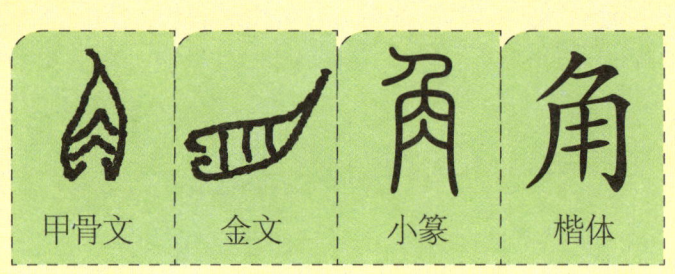

| 甲骨文 | 金文 | 小篆 | 楷体 |

角，象形字。甲骨文就像是牛或其他大型动物头上弯曲、尖硬、带纹路的自卫器官。后来，随着演变，在原来字形的上部加了一个类似挂钩的东西，这样就逐渐形成了今天的字形了。在自然界中，很多动物都是要长角的，比如牛、羊，还有鹿、犀牛等。

汉字故事

牛角挂书
niú jiǎo guà shū

隋末时期，天下大乱，各地起义军纷纷而起。这时的李密还只是一个空有抱负的人，一天，他用蒲草做的鞍(ān)鞯(jiān)骑牛，又在牛角上挂了一卷《汉书》，在路上一边走一边看。

越国公杨素正巧上得街来，在路上看见了，就慢慢地跟在他后面，问："哪来的书生这么勤奋，骑着牛一边走一边看书？"

李密认识杨素，马上从牛背上下来参拜。杨素问他读的是什么，他回答说："《项羽传》。"杨素和他交谈了一番，觉得这个人志向远大，有过人的本事。回家后，他对儿子杨玄感说："我看李密这个人的见识风度，不是你们所能比的。"

杨玄感也感到好奇，就去找李密，两人因此结为挚友。后来，杨玄感在黎阳起兵后，马上就派人入函谷关迎接李密前来帮忙。后来起兵失败，李密投农民起义军瓦岗军，成为首领。

知识密码

总角——

总角是指八九岁至十三四岁的少年，古代儿童将头发分作左右两半，在头顶各扎成一个结，形如两个羊角，故称"总角"。

26 毛

字里乾坤

máo

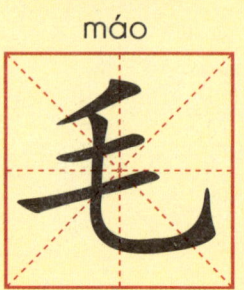

趣话汉字

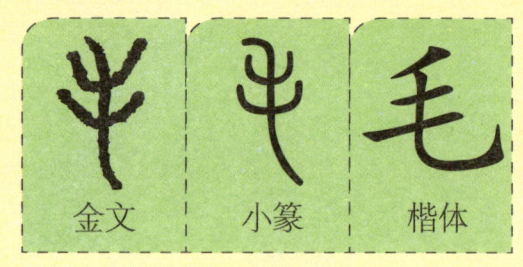

金文　小篆　楷体

　　毛，象形字。金文从形状看，就像是弯弯曲曲的毛发一样。篆文基本和金文一样，字形没有太多改动。到了楷书，字形则开始变得规范化，向简体字的方向发展。在自然界，几乎每一种生物都要生长毛发，人也不例外，譬如头发。

汉字故事

皮之不存，毛将焉附

魏文侯外出游历，看见路上有个人反穿着皮衣背草料，魏文侯说："为什么反穿着皮衣背草料？"那人回答说："我喜爱我皮衣上的毛。"魏文侯说："你不知道如果皮被磨光毛也就没地方依附了吗？"

第二年，东阳官府送来上贡的礼单，上交的钱增加了十倍。大夫全来祝贺。

魏文侯说："这不是你们应该祝贺我的。如同那个在路上反穿皮衣背草料的人，既要爱惜皮衣上的毛，而又不知道那个皮没有了，毛就无处附着这个道理。现在我的田地没有扩大，官民没有增加，而钱增加了十倍，这一定是求助于士大夫的计谋才征收到的。我听说过这样的话，'百姓生活不安定，帝王也就不能安坐享乐了'。希望你们记住这个道理，不要被一点小利蒙蔽了眼光，看不到实质。"众大臣深受启发。

后人用"皮之不存，毛将焉附"的道理说明，如果失去了借以生存的基础，事物就不能存在了。

知识密码

毛里求斯——

毛里求斯为非洲东部一个岛国，位于印度洋西南方。作为火山岛国，毛里求斯四周被珊瑚礁（jiāo）环绕，岛上地貌千姿百态，曾是世上唯一住有渡渡鸟的地方，但该鸟已于17世纪末绝种。

27 龙

字里乾坤

lóng

龙

趣话汉字

| 甲骨文 | 金文 | 小篆 | 楷体 |

龙，象形字。甲骨文像是上为头、下为尾、左为腹、右为背的一条大龙，是传说中一种能兴风作雨的神奇动物。金文上部是角，角下是头，嘴巴朝左张开露出两颗锋利的牙，右边是弯弯曲曲的龙身。从篆文开始，龙的形象越变越复杂。汉字简化后，为了书写方便，整个字形就简化成简单的五笔了。

汉字故事

叶公好龙
yè gōng hào lóng

子张去拜见鲁哀公，过了七天，鲁哀公仍不理他。

于是，他就叫人去对鲁哀公说："传说你喜欢人才，因此我才不怕路远，从千里之外过来，冒着风雪尘沙，不敢休息就来拜见你。结果过了七天，你都不理我，我觉得你所谓的喜欢人才倒是跟叶公喜欢龙差不多。据说以前叶子高很喜欢龙，衣服上的带钩刻着龙，酒壶、酒杯上刻着龙，房檐屋栋上雕刻着龙的花纹图案。他这样爱龙成癖(pǐ)，天上的真龙知道后，便从天上来到了叶公家里。龙头搭在窗台上探望，龙尾伸进了大厅。叶公一看是真龙，吓得转身就跑，好像掉了魂似的，脸色骤变，简直不能控制自己。叶公并非真的喜欢龙，他所喜欢的只不过是那些像龙的东西罢了。现在我听说你喜欢人才，所以不远千里跑来拜见你，结果过了七天你都不理我，原来你不是喜欢人才，你所喜欢的只不过是那些似人才非人才的人罢了。所以很抱歉，我要离开了！"

后来，人们用叶公好龙比喻爱好某事物，其实并不真爱好。

知识密码

龙生九子——

在古代中国神话传说中，龙生有九子，九子各不相同，比喻同胞兄弟品质、爱好各不相同。

28 虫

字里乾坤

chóng

虫

趣话汉字

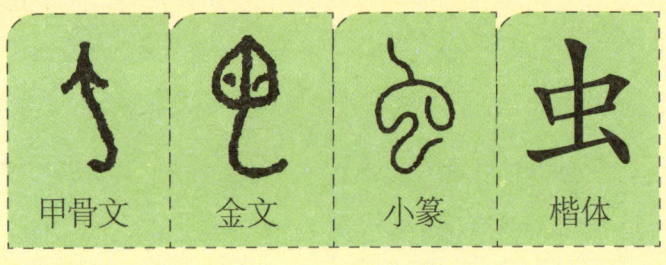

| 甲骨文 | 金文 | 小篆 | 楷体 |

虫,象形字。"金风月夜虫鸣","虫"的本义是蛇,甲骨文像一种头尖身长的爬行动物。金文将蛇身写得修长而卷曲,还夸大了蛇的头部。篆文继承金文字形,到了楷书,又将蛇头写成"口",完全看不出蛇形了。后来,"虫"的"蛇"本义消失,逐渐变成了今天的样子。

汉字故事

雕虫小技
diāo chóng xiǎo jì

西汉时期有一个著名的学者,他名叫扬雄。年轻的时候,扬雄十分喜爱辞赋,并写过一些著名的辞赋,但是后来注重起儒家的经书,对辞赋就不那么重视了,甚至还认为写作辞赋是一种微不足道的技能。

据说,有一个人问他:"扬雄,你年轻时不是很喜欢写辞赋吗?"

扬雄回答说:"是的,但是那只不过是小孩子雕虫篆刻、写写画画的技能而已,成年后就不会作了。"稍作停顿后,他又说:"一个真正的大丈夫,是不会做这些小玩意的。"

从此以后,"雕虫小技"这个成语就流传开来,后来人们便用它来比喻微不足道的小事或技能。

知识密码

冬虫夏草——

冬虫夏草别名虫草、冬虫草、中华虫草,是麦角菌科真菌。冬虫夏草是中国传统的名贵中药材,有调节免疫系统功能、抗肿瘤(liú)、抗疲劳等多种功效。

29 蛇

字里乾坤

shé

蛇

趣话汉字

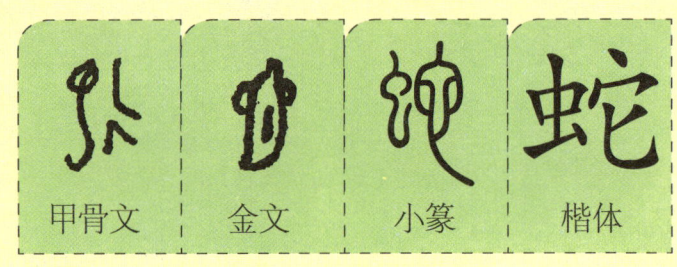

| 甲骨文 | 金文 | 小篆 | 楷体 |

蛇，象形字。甲骨文的上部是个蛇头，下部是蛇的身子。金文继承甲骨文字形，蛇头在上，蛇身在下，而且变粗了。到了篆文，蛇头变大了，身子短而小，已经不太像蛇的模样了。正因如此，最后人们才在它的旁边加"虫"，表示蛇是虫一类的东西。

汉字故事

打草惊蛇 (dǎ cǎo jīng shé)

公元前627年，秦穆公发兵攻打郑国，他打算和安插在郑国的奸细里应外合，夺取郑国都城。大夫蹇(jiǎn)叔以为秦国离郑国路途遥远，兴师动众长途跋涉，郑国肯定会做好迎战准备。秦穆公不听，派孟明视等三帅率部出征。

部队出发时，蹇叔痛哭流涕地警告说："恐怕你们这次袭郑不成，反会遭到晋国的埋伏，只有到崤(xiáo)山去给士兵收尸了。"不出蹇叔所料，郑国得到了秦国袭郑的情报，逼走了秦国安插的奸细，做好了迎敌准备。秦军见袭郑不成，只得回师，但部队长途跋涉，十分疲惫。部队经过崤山时，仍然不做防备。他们以为秦国曾对晋国刚死不久的晋文公有恩，晋国不会攻打秦军。哪里知道，晋国早在崤山的险峰峡谷中埋伏了重兵。

一个中午，秦军发现晋军小股部队，孟明视下令追击。追到山隘险要处，晋军突然不见踪影。孟明视一见此地山高路窄，草深林密，心知不妙。这时鼓声震天，晋军伏兵蜂拥而上，大败秦军，生擒孟明视等三帅。秦军不察敌情，轻举妄动，打草惊蛇，终于遭到了惨败。

知识密码

《白蛇传》——

《白蛇传》是中国民间四大传说之一，其余三个为《梁山伯与祝英台》《孟姜女》《牛郎织女》。它在清代成熟并盛行，是中国民间集体创作的典范，描述了一个修炼成人形的蛇精与人的曲折爱情故事。

30. 鸟

字里乾坤

niǎo

鸟

趣话汉字

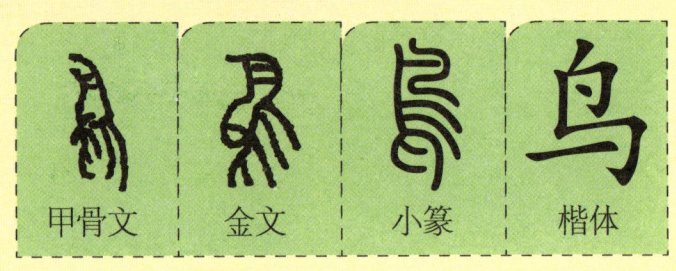

| 甲骨文 | 金文 | 小篆 | 楷体 |

鸟，象形字。古诗有云："春眠不觉晓，处处闻啼鸟。"鸟的甲骨文就像一只鸟形，鸟头朝左而侧立，还有尾和一双爪子。到了金文，字形变得更加漂亮。小篆仍是鸟形，后来汉字简化，成为我们今天看到的"鸟"字。

汉字故事

惊弓之鸟
jīng gōng zhī niǎo

战国时，魏国有一个叫更羸(léi)的射箭能手。一天，更羸跟魏王到郊外打猎。一只大雁从远处慢慢地飞来，边飞边鸣。更羸指着大雁对魏王说："大王，我不用箭，只要拉一下弓，这只大雁就能掉下来。"

"是吗？"魏王信不过自己的耳朵，问道，"你有这样的本事？"更羸说："请让我试一下。"更羸并没有取箭，他左手拿弓，右手拉弦，只听得嘣的一声响，那只大雁拍了两下翅膀，忽然从半空里直掉下来。

魏王看了，大吃一惊。更羸笑笑说："不是我本事大，是因为我知道，这是一只受过箭伤的鸟。它飞得慢，叫的声音很悲惨。飞得慢，是因为它受过箭伤，伤口没有愈合，还在作痛；叫得悲惨，是因为它离开同伴，孤单失群，得不到帮助。它一听到弦响，心里很害怕，就拼命往高处飞。它一使劲伤口又裂开了，就掉下来了。"

后来，人们用"惊弓之鸟"这个成语来比喻受过惊吓的人遇到类似的情况就惶恐不安。

知识密码

世界上最小的鸟——

蜂鸟是世界上已知最小的鸟，因拍打翅膀的嗡嗡声而得名。蜂鸟是唯一可以向后飞行的鸟，能够通过快速拍打翅膀悬停在空中，每秒拍打15～80次，快慢取决于身体的大小。

31. 燕

字里乾坤

yàn

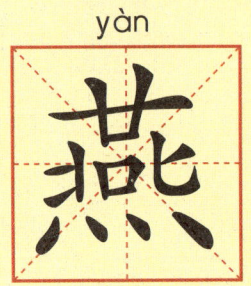

趣话汉字

甲骨文　小篆　楷体

燕，象形字。甲骨文像一种翅膀尖长、尾巴剪形的候鸟。篆文与甲骨文相似，只是燕尾讹变成了"火"。到了楷书，又将篆文的鸟尾写成了四点，候鸟形象自此完全消失。燕子是一种喜欢在民居筑巢的候鸟，秋南春北，十分受人喜爱。

汉字故事
燕雀与大鹏
yàn què yǔ dà péng

传说远古时候,在遥远的北海有一条特别大的鱼,它的名字叫鲲(kūn)。鲲的身子宽几千里,至于身长有多少,就没人知道了。

后来,鲲变成了一只大鸟,名字叫作鹏。大鹏鸟的背像泰山那样高,飞起来的时候,它的翅膀遮天蔽日。

有一次,大鹏鸟向南飞去。它在南海海面上击水而行,一下就是三千里。它向高空飞去,卷起一股暴风,一下子就飞出九万里。它飞出去,要过半年才能飞到南海休息。当它在高空飞行的时候,背靠青天,云层却在它的下边。

一只生活在洼地里的小燕雀看见大鹏鸟飞得这么高,这么远,很不理解,它说:"我们往上飞,不过几丈高就落下来了,飞过树梢也就算最高了。大鹏鸟为什么要飞向九万里以外的远方呢?"

知识密码

环肥燕瘦——

"环"是指杨玉环,也就是杨贵妃,她比较胖,但胖得很美;"燕"是指赵飞燕,她瘦得跟燕子一样轻盈美丽,所以叫飞燕。"环肥燕瘦"形容女子形态不同,各有好看的地方。

32. 雀

字里乾坤

què

趣话汉字

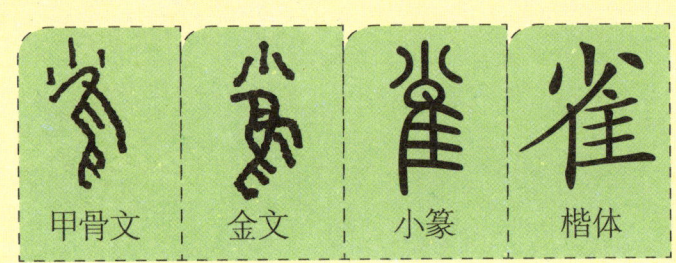

| 甲骨文 | 金文 | 小篆 | 楷体 |

雀，象形字。从甲骨文的形象看，就像一个鸟头，头顶上还有一撮羽毛。金文和甲骨文基本相同，到了楷书，上部的冠羽形就变成了"大小"的"小"字，字形开始定型。在生活中，"雀"一般指麻雀或者山雀，俗话说"麻雀虽小，五脏俱全"，说的就是它们。

汉字故事

螳螂捕蝉，黄雀在后
(táng láng bǔ chán huáng què zài hòu)

春秋时期，吴国国王寿梦准备攻打楚国，遭到大臣的反对。吴王很恼火，在召见群臣的会上严厉警告道："胆敢劝告我出兵的人，我就将他处死！"

有一个侍卫自知自己人微言轻，劝告必定没有效果，反而只会被处死。于是，每天早晨，他就拿着弹弓、弹丸在王宫的后花园里转来转去，哪怕露水湿透他的衣服，就这样过了三天。

吴王看到后很奇怪，就问他："你这是干什么呀？"

侍卫就说："这个园中的大树上有一只蝉，它一面在放声鸣叫，一面在吸饮露水，却不知已有一只螳螂在它的后面；螳螂想要捕蝉，但又不知道旁边又来了黄雀；而当黄雀正准备啄螳螂时，它又怎么知道我的弹丸已对准它了呢？它们三个都只顾眼前利益，而看不到后边的灾祸。"

吴王听完侍卫的话，很受启发，随后就取消了这次军事行动。

知识密码

鹳雀楼——

鹳(guàn)雀楼，又名鹳鹊楼，古时因时有鹳雀栖其上而得名，位于山西省。此楼楼体壮观，结构奇巧，周围风景秀丽，唐宋之际文人学士登楼赏景留下许多不朽诗篇，以王之涣的《登鹳雀楼》最负盛名。

33. 凤

字里乾坤

fèng

趣话汉字

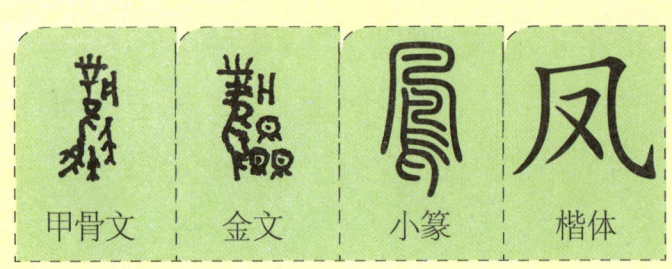

| 甲骨文 | 金文 | 小篆 | 楷体 |

凤，象形字。甲骨文的中间是凤头，面朝左，头上有一撮漂亮的冠羽，下部有长尾有凤爪，其右为表示读音的"凡"。篆文把"凡"字上移，把"鸟"字套在中间。到了楷书，为了书写方便，就简化成只有四画的凤了。

汉字故事

fèng qiú huáng
凤求凰

汉朝的大才子司马相如是景帝时的武骑常侍，因为不得志，所以称病辞职，回到家乡四川临邛（qióng）。

有一次，他赴临邛大富豪卓王孙家的宴会。卓王孙有个离婚的女儿，名文后，又名文君。她因久仰相如文采，所以就从屏风外窥视相如，相如佯作不知，而当受邀抚琴时，便趁机弹了一曲《凤求凰》，以传爱慕之情。

相如与文君两人情投意合，倾心相恋，当夜即携手私奔。相如一贫如洗，卓王孙怒文君败坏门风而不给她一文钱。两人只好变卖所有东西，回到临邛开了家小酒铺。每日，文君当垆卖酒，相如打杂。后来，卓王孙心疼女儿，又为他俩的真情所感动，就送了百万银钱和百名仆人给他们。

后来，文君夜奔相如的故事，流传于民间，成为千古佳话。

知识密码

凤凰木——

凤凰木取名于"叶如飞凰之羽，花若丹凤之冠"，它别名金凤花、红花楹（yíng）树、火树、洋楹等。鲜红或橙色的花朵配合鲜绿色的羽状复叶，让凤凰木被誉为世上色彩最鲜艳的树木之一。

34 羽

字里乾坤

yǔ

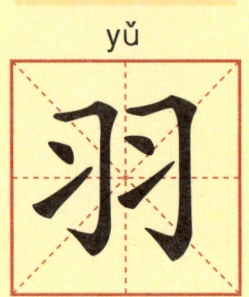

趣话汉字

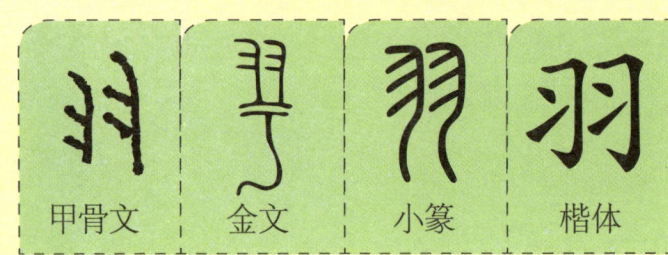

| 甲骨文 | 金文 | 小篆 | 楷体 |

羽,象形字。甲骨文画出了羽轴和羽枝的形状,金文和篆文继承甲骨文字形,仍可看出羽毛的形貌。到了楷书,则把篆文的曲笔变成了直笔,也就是今天我们看到的字形。禽类翅膀上的羽毛是漂亮的,孔雀就是因为羽毛美丽才被称作"百鸟之王"。

汉字故事

霓(ní)裳(cháng)羽(yǔ)衣(yī)曲(qū)

李隆基是唐朝中叶的一个皇帝,他酷爱音乐。相传他曾经梦见游月宫,听到天上有仙乐奏曲,身穿霓裳羽衣的仙子翩(piān)翩起舞。李隆基醒来后,很想把梦中的乐曲记录下来,让乐工们演奏,让歌女们舞蹈。他不停地想啊想,想起一点就记录下来,就连白天上朝的时候他怀里还揣着一支玉笛,一边听大臣读奏本,一边在下面偷偷按玉笛上的孔笛,寻找曲调。他为了仙曲都入迷了,可是还谱不全这首曲子。

有一次,李隆基来到三乡译,向着远远的女儿山眺望,只见山峦起伏,烟云缭绕,他顿时产生了许多美丽的幻想。他把在梦中听到的仙乐全想起来了,立即在谱子上记录下来,从而创作出了一部适合在宫廷演奏的宫中大曲。

李隆基命令乐工排练《霓裳羽衣曲》,令爱妃杨玉环设计舞蹈,杨玉环与宫人日夜赶排,终于练好了这个大型歌舞《霓裳羽衣曲》,在一个盛大的节日上演出。随着优美的《霓裳羽衣曲》奏起,杨玉环带着宫女载歌载舞,一个个宛如仙女下凡。

知识密码

西楚霸王项羽——

项羽是秦末下相人,楚国名将项燕的孙子。他与刘邦展开了历时四年的楚汉战争,最后兵败垓下,突围至乌江边自刎(wěn)而死,古人对其有"羽之神勇,千古无二"的评价。

35 飞

字里乾坤

fēi

趣话汉字

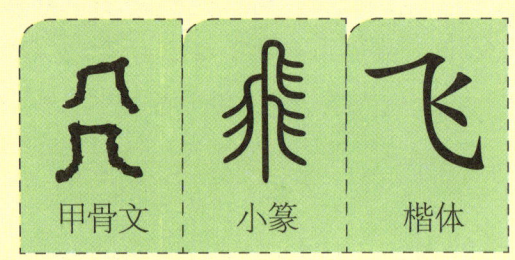

| 甲骨文 | 小篆 | 楷体 |

飞,象形字。甲骨文字形像是一上一下两片羽毛,篆文字形像是双翅飞翔的样子。经过不断地演变,双翅飞翔的样子逐渐变成了一只翅膀,成为我们今天看到的简化字。鸟儿在天空振翅飞翔,野兽在地上奔跑,就是"飞禽走兽"。

汉字故事

一飞冲天

春秋时，楚庄王即位已经有三年了，他不是白天打猎，就是晚上喝酒，对国家大事全不放在心上。他知道大臣们对他不满意，就下了一道命令："谁要是敢劝谏(jiàn)，就判他的死罪！"

有一天，一个名叫伍举的大臣对楚庄王说："我有个谜请大王猜猜。"

楚庄王说："你说说看。"伍举说："楚国有一只美丽的大鸟，它身披着绚烂的彩衣，可是一停就是三年，既不飞也不叫，请问大王，这是什么鸟？"

楚庄王说："这可不是普通的鸟，这种鸟不飞则已，一飞就要冲天；不鸣则已，一鸣就要惊人。你下去吧，我已经明白了。"

从那天开始，楚庄王渐渐振作起来，认真地治理国家，楚国也慢慢强大起来。

知识密码

明朝飞鱼服——

飞鱼服是明代锦衣卫所穿的官服，由云锦中的妆花罗、妆花纱、妆花绢制成。官员要有一定品级才允许穿飞鱼服，除此之外只有蒙皇帝恩赐才可穿用。

36 爪

字里乾坤

zhǎo

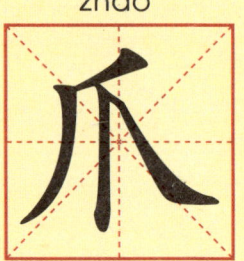

趣话汉字

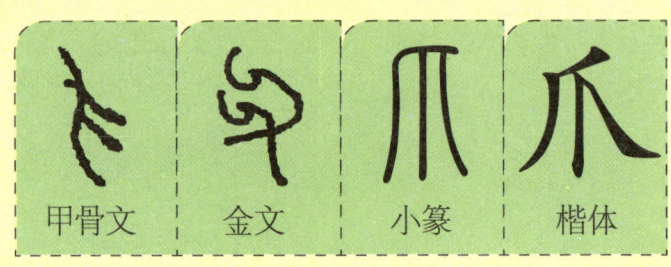

| 甲骨文 | 金文 | 小篆 | 楷体 |

爪，象形字。甲骨文就像一只指尖朝下的"爪"形，金文的形体与甲骨文相反，是指尖朝上。到了篆文，又恢复了甲骨文字形的朝向，字形就开始定型了。鸟兽的脚趾就是爪，如鸿爪、虎爪等。另外，爪也可以作为手脚指甲的通称。

汉字故事

一鳞半爪 yī lín bàn zhǎo

白居易是唐代有名的大诗人，他的晚年生活十分安适，沉溺(nì)诗酒，醉心佛道，却也隐藏着一种不能匡世济民的苦闷。白居易在东都任职时，常常以酒自娱。

有一次，白居易和僧人伟光坐在一只小船上。船后部立一小灶，水汽袅袅、香气扑鼻，显然在烹鱼煮茗。他们一路吟诗说笑，从建春门去香山精舍。

到了香山精舍，早已有几位当世文人在等着白居易。白居易和众人见过，决定以诗会友，建议每人作一首诗。大家兴致勃勃，个个援笔弄墨，却只有刘禹锡自斟一杯酒，一饮而尽。众人见了很奇怪，刘禹锡扯过纸来，顷刻之间就写出一首七律。其中有：人世几回伤往事，山形依旧枕江流。今逢四海为家日，故垒萧萧芦荻秋。

白居易读罢，赞道："真乃绝妙好诗！我们本欲一块下海探骊(lí)龙，你却先得了龙珠，剩下的一鳞半爪还有什么用啊？"意思是说，事物的主干和精华都被你捞去了，剩下的只是零星片断而已，写出来也没什么味道了。众人随声附和，仰天大笑。

知识密码

爪哇国——

爪哇国是东南亚古国，其境主要在今印度尼西亚爪哇岛一带。唐朝时，一度为佛教国家；宋朝时分为三国，东爪哇最强，后为三佛齐国所灭。二战后独立，并入印度尼西亚。

37 · 草

字里乾坤

cǎo

草

趣话汉字

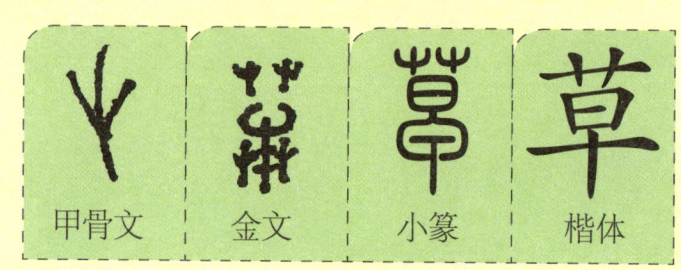

| 甲骨文 | 金文 | 小篆 | 楷体 |

　　草，象形字。"离离原上草，一岁一枯荣。"甲骨文就像大地回春后小草的嫩芽。金文承续甲骨文字形，只是在中间加"早"，表示日照草地，欣欣向荣。篆文承续金文字形，变化不大，逐渐演变成我们今天看到的"草"字。

汉字故事

草菅人命 (cǎo jiān rén mìng)

贾谊是汉文帝时的一个著名文人，自小聪慧好学，极有才华，被文帝召为博士，后又担任过太中大夫。因为被人妒忌，他被贬为长沙王太傅。政治上的不得志，使他以屈原自喻，写下了著名的《吊屈原赋》等文章。

后来，汉文帝把他召回宫中，要他担任梁王刘揖的太傅。梁王是汉文帝最宠爱的儿子，文帝指望他将来能继承皇位，所以要他多读些书，希望贾谊好好教导他。贾谊就此发了一通议论，他说："辅导皇子，教他读书固然重要，但更重要的，是教他怎样做一个正直的人。秦朝末年赵高教导秦二世胡亥(hài)，传授给胡亥的是严刑酷狱，所学的不是杀头割鼻子，就是满门抄斩，所以胡亥一当上皇帝，就乱杀人，看待杀人就好像看待割茅草一样，不当一回事，也就是草菅(jiān)人命。这难道只是胡亥的本性生来就坏吗？他之所以这样，是教导他的人没有引导他走上正道，这才是根本原因所在。"

后来，贾谊到梁国辅导梁王。可是梁王不慎骑马摔死，贾谊自伤没有尽到责任，终日郁郁不乐，一年多后就死了，死时才33岁。

知识密码

断肠草——

断肠草是马钱科植物，其主要的毒性物质是葫蔓藤碱(jiǎn)。据记载，吃下它后肠子会变黑粘连，人会腹痛不止而死，尝遍百草的神农就是因它而死。

38 木

字里乾坤

mù

趣话汉字

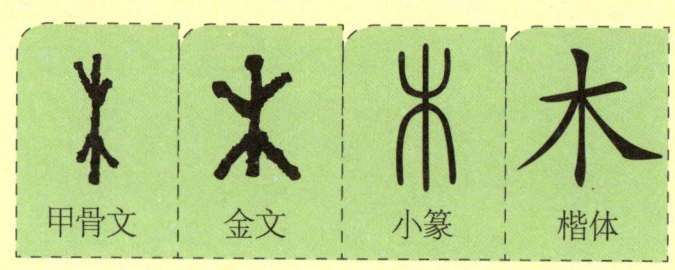

| 甲骨文 | 金文 | 小篆 | 楷体 |

木，象形字。甲骨文像上有枝干、下有根系的一棵树。金文、篆文承续甲骨文字形，经过演变，上面的枝干最后变成了一横，也就是现在看到的样子。生活中很多东西都是木头做成的，比如寺庙里的"木鱼"，就是化缘时敲打的响器。

汉字故事

草木皆兵 (cǎo mù jiē bīng)

东晋时，前秦一直想吞并晋王朝，秦王苻坚亲自率领九十万大军，去攻打晋国。晋国派出了大将谢石、谢玄，率领八万兵马前去迎战。苻坚当时很傲慢，根本就没有把晋军看在眼里。

可是，谁料到先头部队同晋军首战便被打败，苻坚顿时慌了手脚。他和弟弟苻融趁夜去前线视察，他看到晋军阵容严整，士气高昂，连晋军驻扎的八公山上的草木，也影影绰(chuò)绰像是满山遍野的士兵。

出师不利给苻坚心头蒙上了不祥的阴影，他令部队靠淝(féi)水北岸布阵，企图凭借地理优势扭转战局。这时晋军将领谢玄提出要求，要秦军稍往后退，让出一点地方，以便晋军渡河作战。苻坚暗笑晋军将领不懂作战常识，想利用晋军忙于渡河难以作战的时机，给它来个突然袭击，于是欣然接受了晋军的请求。

谁知，后退的军令一下，秦军就如潮水一般溃不成军，而晋军则趁势渡河追击，把秦军杀得丢盔弃甲，尸横遍野，苻坚也中箭而逃。这就是历史上以少胜多的著名战役——淝水之战。

后来人们用草木皆兵来形容惊慌时疑神疑鬼。

知识密码

巾帼英雄花木兰——

花木兰是中国南北朝时期一个传说色彩极浓的巾帼英雄，她代父从军，击败入侵民族而流传千古，被唐代皇帝追封为"孝烈将军"。

39. 禾

字里乾坤

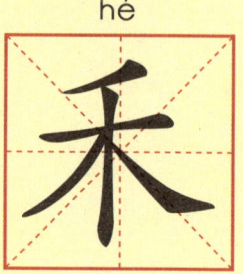

hé

趣话汉字

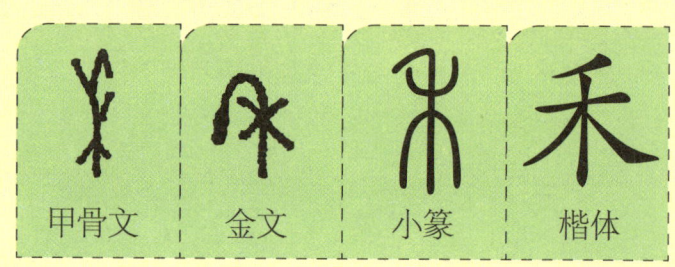

| 甲骨文 | 金文 | 小篆 | 楷体 |

禾，象形字。甲骨文在"木"的末梢上画出下垂的穗子。金文、篆文基本承续甲骨文字形，弯曲的穗子沉甸甸的，更加形象。后来字形简化，上面弯曲的穗子直接变成了一小撇。"禾"原指谷子，后来常用作结穗的谷类作物的代称。

汉字故事

风禾尽起
fēng hé jìn qǐ

西周时期，周武王死后，周公摄政，帮忙治理国家。武王的弟弟管叔、蔡叔经人挑唆(suō)，发动了叛乱，周公为了国家安定，成功镇压了叛军，举国欢庆。

后来，周武王的儿子周成王受了一些流言的影响，开始怀疑起周公的忠诚来。正在这时，发生了一件怪事，天空突然电闪雷鸣起来，田里的禾苗都被毁了，就连大树也被连根拔起，国人惊恐非常。这就是书中所描述的"天大雷电以风，禾尽偃，大木斯拔，邦人大恐"的情景。

大家怀疑是周成王的举动惹怒了上天，于是周成王就让周公重新执政。说来也怪，周公一上台，大风就把原来吹倒的禾苗重新竖了起来，从此国泰民安，风调雨顺。

后来人们用风禾尽起比喻顺应天意得到天助。

知识密码

禾谷夫人——

广东香山俗谓谷神为"禾谷夫人"，词语来源于清屈大均的《广东新语·禾谷夫人》："香山村落，多祀禾谷夫人。或以为后稷(jì)之母姜嫄(yuán)云。"

40 米

字里乾坤

趣话汉字

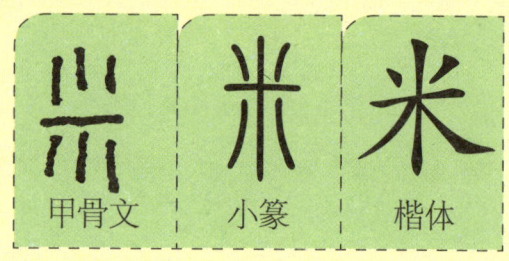

米,象形字。甲骨文周围的六竖就像米的形状,中间的"一"字表示将米粒连接在一起的意思。篆文大致和甲骨文字形一样,变化不大。到了楷书,为了书写方便,干脆将下部的两个点儿变成一撇和一捺了。

汉字故事

不为五斗米折腰
(bù wèi wǔ dǒu mǐ zhé yāo)

晋代的陶渊明年轻时为了养家糊口，来到离家乡不远的彭泽当县令。到任八十一天时，浔(xún)阳郡(jùn)派遣督邮来检查公务。浔阳郡的督邮刘云，以凶狠贪婪远近闻名，每年两次以巡视为名向所辖(xiá)之地索要贿(huì)赂(lù)，每次都是满载而归，否则就栽赃陷害。

督邮一到彭泽的旅舍，就差县吏去叫县令来见他。陶渊明平时蔑视功名富贵，不肯趋炎附势，对这种假借上司名义发号施令的人很瞧不起，但也不得不去见一见，于是他马上动身。

不料，县吏拦住陶渊明说："大人，参见督邮要穿官服，并且束上腰带，不然有失体统，督邮会乘机大做文章，会对大人不利的！"

这一下，陶渊明再也忍受不下去了。他长叹一声，道："我不能为五斗米向乡里小人折腰！"说罢，他索性取出官印，把它封好，并且马上写了一封辞职信，随即离开了只当了八十多天县令的彭泽。

知识密码

帕米尔高原——

帕米尔高原，中国古代称不周山、葱岭，古丝绸之路在此经过。它地处中亚东南部、中国的西端，横跨塔吉克斯坦、中国和阿富汗，是亚洲多个主要山脉的汇集处，平均海拔4000～7700米。

41. 果

字里乾坤

guǒ

趣话汉字

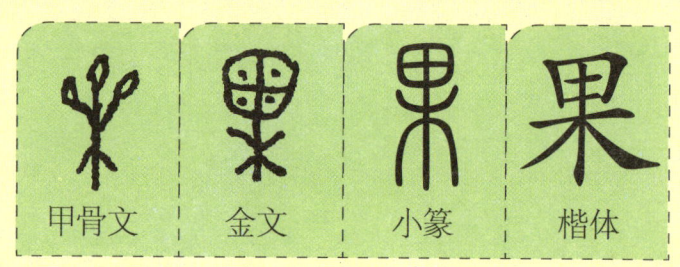

| 甲骨文 | 金文 | 小篆 | 楷体 |

果，象形字。甲骨文的下部是一棵树，树上结满了果实。金文的形体，是在"木"上长了一个又圆又大的果实。篆文将金文的籽实形状简化成"田"，然后逐渐成为我们今天看到的"果"字。

汉字故事

掷果盈车 (zhì guǒ yíng chē)

潘岳字安仁，俗称潘安，是西晋著名的文学家。他在少年时就已显露出过人的文学天赋，被乡里称为"奇童"。

少年时的潘安风流而顽皮，喜欢拿着牛皮弹弓，坐车到洛阳城外游玩。路上的女孩子们见了他，竟都手拉着手将他围起来，而老妇人见了他，都争相丢水果。就这样，当潘岳每次回家时，总是满载而归，车上满满的都是水果。

多少年来，提起古代美男子潘安，可以说是妇孺(rú)皆知。我们在形容一个男人长得好看时，就常用"貌若潘安"这个词。现在，潘安已成为美男子的符号，存在于成语典故、诗词曲赋、古今小说中。

知识密码

张果老——

著名炼丹家张果老是八仙之一，是中国妇孺皆知的神话人物。历史上确有张果老其人，他是八仙中仅有的两位"名留青史"的人物之一。他是唐朝人，传说他掌握了长生秘诀，武则天时，他自称已经有几百岁了。

42. 瓜

字里乾坤

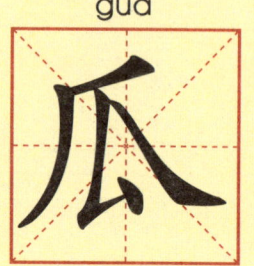

趣话汉字

| 金文 | 小篆 | 楷体 |

瓜,象形字。金文就像葫芦状果实挂在藤上,字形中间的大瓜还结在蔓上,其向左右下方伸展的一笔是瓜须的形象。篆文将葫芦状写成"厶",仍有瓜形,与金文一脉相承。随着演变,字形逐渐定型,就成为现在看到的样子了。

汉字故事

及瓜而代
jí guā ér dài

齐襄(xiāng)公的表弟公孙无知的父亲去世得早,齐襄公的父亲齐釐(xī)公很喜欢公孙无知,以太子的待遇对待他,齐襄公心里很妒忌。后来,齐襄公一当了国君,马上就取消了公孙无知的待遇。

后来,齐襄公派连称、管至父去戍守葵(kuí)丘,在七月瓜期时派他们去,答应等到第二年瓜期时就派人代替他们,让他们回来。可是一年过去了,瓜都烂在地里了,齐襄公也不派人去代替他们。有人提醒齐襄公,齐襄公也不管。

这两个人心里很生气,于是联合公孙无知,带领部队回到都城,然后冲进王宫,杀了齐襄公。公孙无知因此自称齐王。

于是,后人就用"及瓜而代"这个词来比喻期限到时会有人来接替。在这个故事中,齐襄公不守信用,被人推翻,说明做人要守信用,否则会自讨苦吃的。

知识密码

厄瓜多尔——

厄瓜多尔,全称厄瓜多尔共和国,位于南美洲西北部,北与哥伦比亚相邻,南接秘鲁,西临太平洋,与智利同为南美洲不与巴西相邻的国家。

43 丝

字里乾坤

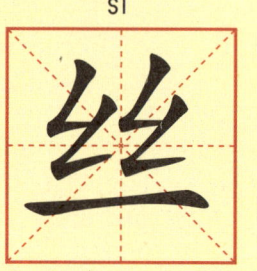

sī

趣话汉字

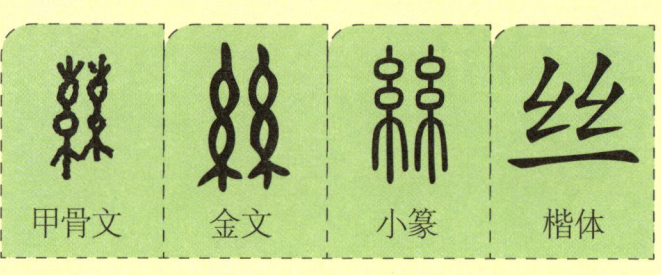

| 甲骨文 | 金文 | 小篆 | 楷体 |

丝，象形字。甲骨文就像是两根两端打了结的蚕线，金文和篆文作了一些简化。后来，为了书写方便，字形简化成了简单的五笔。蚕丝是织绸缎等的原料，我国就曾是历史上名闻四方的丝绸大国。

汉字故事

嫘(léi)祖(zǔ)养(yǎng)蚕(cán)

远古时期，黄帝战胜蚩尤后，建立了部落联盟，黄帝被推选为部落联盟首领。他带领大家发展生产，种五谷，驯养动物，冶炼铜铁，制造生产工具；而做衣冠的事，就交给正妃嫘祖。

嫘祖经常带领妇女上山剥树皮，织麻网。有一天，这几个女人进山，突然在一片桑树林里发现满树结着白色的小果子。回来后，这些女子尝了尝白色小果子，没有什么味道，又用牙咬了咬，怎么也咬不烂，谁也不知道是什么果子。嫘祖仔细看了缠在木棒上的细丝线，又询问了白色小果子是从什么山上、什么树上摘的。然后她高兴地对周围女子说："这不是果子，不能吃，但却有大用处。你们为黄帝立下一大功。"

之后，嫘祖不顾黄帝劝阻，亲自带领妇女上山要看个究竟。在桑树林里观察了好几天，才弄清这种白色小果子是一种虫子口吐细丝绕织而成的，并非树上的果子。她回来就把此事报告给黄帝，并要求黄帝下令保护山上所有的桑树林。黄帝同意了。

从此，在嫘祖的倡导下，开始了栽桑养蚕的历史。后世人将嫘祖尊称为"先蚕娘娘"。

知识密码

丝绸之路——

丝绸之路是指起始于古代中国，连接亚洲、非洲和欧洲的古代商业贸易路线。从运输方式上，分为陆上丝绸之路和海上丝绸之路。

44 竹

字里乾坤

zhú

趣话汉字

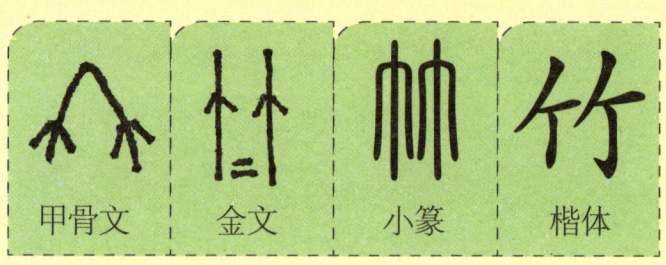

| 甲骨文 | 金文 | 小篆 | 楷体 |

竹，象形字。甲骨文像两根细枝上垂下六片叶子。金文有所变形。到了篆文，字形开始变成了两个"个"的形貌，最后逐步形成我们今天看到的形状。

汉字故事

qìng zhú nán shū
罄竹难书

隋(suí)朝时，李密本是隋炀(yáng)帝杨广的侍卫，在一次值班的时候，因左顾右盼，被隋炀帝发现，认为他不老实，于是就免了他的差使。李密并不懊丧，立志要做一番大事业，从此发奋读书。

一次，李密在洛阳的大街上骑着牛，把《项羽传》挂在牛角上，抓紧时间读书，恰巧被宰相杨素看见，杨素觉得他是个很有抱负的人，回到家就跟他的儿子杨玄感推荐，从此杨玄感和李密成为好朋友。后来，杨玄感起兵要推翻隋炀帝的统治，就把李密请去当他的谋士，可是杨玄感因被别人迷惑，导致兵败被杀。李密投奔了翟让领导的瓦岗农民起义军，在李密的帮助下，这支起义军取得了很大胜利，翟让就主动把首领的位置让给了李密。

李密建立政权后，进攻洛阳时，发出了讨伐隋炀帝的檄(xí)文，宣布隋炀帝有十大罪状，其中有"罄南山之竹，书罪未穷；决东海之波，流恶难尽"，意思是把南山的竹子都制成竹简，也写不完隋炀帝的罪状，决开东海的堤坝，滔滔海水流完了，隋炀帝的恶行还没有流完。因此"罄竹难书"就用来比喻罪恶滔天。

知识密码

竹溪六逸——

唐代时，李白移家东鲁，与山东名士孔巢父、韩准、裴政、张叔明、陶沔(miǎn)在泰安府徂徕山竹溪隐居，世人称他们为"竹溪六逸"。

45 · 向

字里乾坤

xiàng

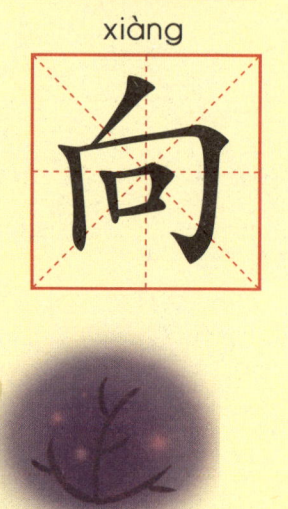

趣话汉字

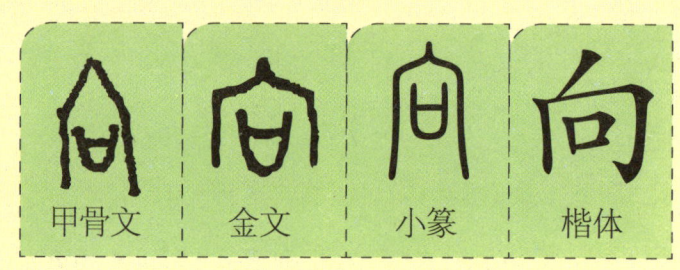

| 甲骨文 | 金文 | 小篆 | 楷体 |

向,象形字。甲骨文的字形就像一座房子,在墙壁上开了一个窗子。金文在屋顶加了一短竖,似乎表示屋顶的烟囱。随着字形演变,房子的形象逐渐消失,里面变成了方正的口形,也就是我们今天看到的样子。

汉字故事

倒戈相向 (dǎo gē xiāngxiàng)

周武王即位后,拜太公望为师,并且要自己的兄弟周公旦做他的助手。公元前1066年,武王知道纣王已经到了众叛亲离的地步,认为时机成熟,便发兵五万,请精通兵法的太公望做元帅,渡过黄河东进去讨伐纣王。

周武王的讨伐大军士气旺盛,一路上势如破竹,很快就打到了离朝歌仅仅七十里的牧野。纣王听到这个消息后,立刻拼凑了七十万人马,由他亲自率领,到牧野迎战。他想,武王的兵力不过五万人,七十万人还打不过五万人吗?

可是,那七十万商军有一大半是临时武装起来的奴隶和从东夷抓来的俘虏。他们平时受尽纣王的压迫和虐(nüè)待,谁也不想为纣王卖命。在牧野战场上,当周军勇猛进攻的时候,他们就掉转矛头,纷纷倒戈,大批奴隶跟着周军一起攻打商军。七十万商军,一下子就土崩瓦解了。太公望指挥周军,趁势追击,一直追到商都朝歌。

商纣王逃回朝歌,眼看大势已去,当夜躲进鹿台,放了一把火,跳进火堆里自杀了。

知识密码

刘向——

刘向,西汉楚国彭城人,经学家、目录学家,代表作品有《别录》《列女传》《战国策》《谏营昌陵疏》《说苑》,叙事简约,理论畅达、舒缓平易。

46 行

字里乾坤

趣话汉字

| 甲骨文 | 金文 | 小篆 | 楷体 |

行，象形字。甲骨文的中间是一条大路，左右两侧又分出了两条小路。金文像是东西南北都能通行的十字路口，而到了篆文，已经根本看不出通行道口的样子，渐渐演变成现在的字形。所谓"读万卷书，行万里路"，看来行与路是分不开的。

汉字故事

多行不义必自毙
(duō xíng bù yì bì zì bì)

春秋时期，郑武公娶了申国国君的女儿为妻，她叫作武姜，后来她生下了庄公和共叔段。庄公脚在前倒生下来，使姜氏受了惊吓，武姜因此讨厌庄公。武姜爱共叔段，想立他为太子，多次向武公请求，武公都没有答应。

后来，庄公当上了郑国国君，武姜为共叔段请求把制作为他的封邑。庄公没有答应，武姜又为共叔段请求京邑，庄公就让共叔段住在那里，称他为"京城太叔"。祭仲说："现在京邑的大小不合法度，违反了先王的制度，这会使您受不了。"庄公没有行动。

不久，太叔命令西边和北边的边邑也同时归他管辖(xiá)，一直把邑地扩大到了廪(lǐn)延。公子吕说："可以动手了。他占多了地方就会得到百姓拥护。"庄公便说："时候到了，干多了不仁义的事情，必定会自取灭亡，您暂且等着看吧。"

后来，太叔要偷袭郑国国都。庄公得知了太叔偷袭的日期，说："可以动手了！"于是，他命令公子吕去攻打京邑。京邑百姓背叛了共叔段，共叔段逃到了鄢(yān)地，庄公又攻打鄢。

知识密码

土行孙——

土行孙是《封神演义》中的人物，玉虚十二仙之一惧留孙的大弟子，其妻是成汤大将邓九公之女邓蝉(chán)玉。土行孙身材矮小，本领高强，以棍子为武器，以遁(dùn)地术称雄诸神。

47 西

字里乾坤

xī

趣话汉字

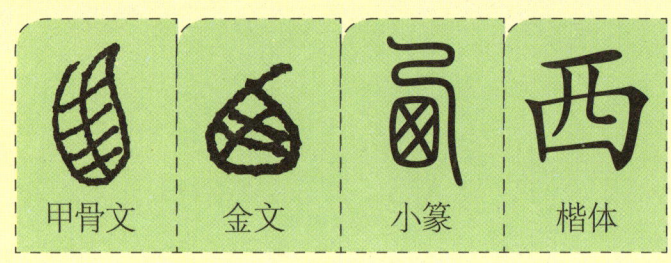

| 甲骨文 | 金文 | 小篆 | 楷体 |

西，象形字。从字形看，甲骨文的形状就像一个鸟巢，金文继承甲骨文的字形，到了篆文则有了改变，上部加了一条弯弯曲曲的曲线代表鸟的形状，鸟落在巢上休息，也就是栖息。最后，干脆将上部简化为"兀"形，下面是个方口，看起来方便简洁。

汉字故事

声东击西 shēng dōng jī xī

东汉时期，班超出使西域，为了使西域诸国便于共同对抗匈奴，必须先打通南北通道。班超决定首先平定莎车。龟(qiū)兹(cí)王亲率五万人马，援救莎车。班超的兵力只有二万五千人，敌众我寡，难以力克，必须智取。班超于是定下声东击西之计，迷惑敌人。

他派人在军中散布对班超的不满言论，制造打不赢龟兹、打算撤退的迹象，并且特别让莎车俘虏听得一清二楚。这天黄昏，班超命于阗(tián)大军向东撤退，自己率部向西撤退，表面上显得慌乱，故意放俘虏趁机脱逃。俘虏逃回莎车营中，急忙报告汉军慌忙撤退的消息。龟兹王大喜，误认班超惧怕自己而慌忙逃窜，想趁此机会，追杀班超。他立刻下令兵分两路，追击逃敌。他亲自率一万精兵，向西追杀班超。

班超胸有成竹，趁夜晚撤退仅十里地，部队即就地隐蔽。龟兹王求胜心切，率领追兵从班超隐蔽处飞驰而过，班超立即集合部队，与事先约定的东路于阗人马，迅速回师杀向莎车。班超的部队如从天而降，莎车猝不及防迅速瓦解。莎车王惊魂未定，逃走不及，大败。

知识密码

西王母——

在道教神话体系中，西王母是天上所有女神仙及天地间一切阴气的主宰，始见于《山海经》，因所居昆仑山在西方，又叫西昆仑，故称西王母。

48 东

字里乾坤

dōng

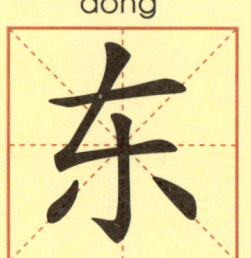

趣话汉字

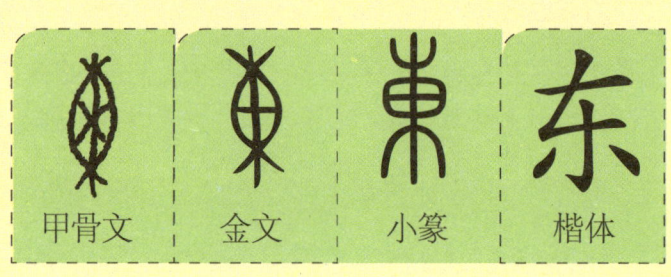

| 甲骨文 | 金文 | 小篆 | 楷体 |

东，象形字。甲骨文的字形就像是两头扎起来的一个大口袋，表示东西。金文继承甲骨文字形，到了篆文已经看不出口袋的形状。汉字简化后，中间的"田"字形部分发生变化，就形成现在看到的字了。值得注意的是，在生活中，"东"更多的是作为"东方"讲。

汉字故事

东施效颦（dōng shī xiào pín）

春秋时代，越国有一位美女名叫西施，无论举手投足，还是言谈微笑，样样都惹人喜爱。西施稍用淡妆，衣着朴素，但是不管走到哪里，都有很多人向她行"注目礼"，她实在太美了，没有人不惊叹她的美貌。

西施患有心口疼的病。有一天，她的病又犯了，只见她手捂胸口，双眉皱起，显得娇媚而柔弱。当她从乡间走过的时候，乡里人无不睁大眼睛注视着她。

同村有一个丑女人叫东施，她动作粗俗，说话大声大气，却一天到晚做着当美女的梦。这天她看到西施捂着胸口、皱着双眉的样子竟博得这么多人的青睐(lài)，因此回去后也学着西施的样子，手捂胸口走路。

富人看见东施的怪模样，马上把门紧紧关上；穷人看见东施走过来，马上拉着妻子和孩子远远地躲开。人们见了这个模仿西施心口疼，在村里走来走去的东施，简直像见了瘟(wēn)神一般。东施只知道西施皱眉时很美，却不知道她皱眉的样子为什么美，就去盲目地模仿，结果反被人讥笑。

知识密码

东方朔——

东方朔，西汉著名辞赋家。汉武帝即位，东方朔上书自荐，诏拜为郎。他性格诙谐，言辞敏捷，滑稽多智，常在武帝前谈笑取乐。东方朔一生著述甚丰，后人汇为《东方太中集》。

49. 高

字里乾坤

gāo
高

趣话汉字

甲骨文　金文　小篆　楷体

　　高，象形字。甲骨文的高像拔地而起、带塔楼的多层楼台，其上部有房顶有窗户。为书写方便，演变后略有变形，但仍然保持之前的结构。汉字简化后，减掉两横，中间多层楼台的样子消失，就变成今天的"高"字了。

汉字故事

才高八斗
cái gāo bā dǒu

三国时期，曹操的儿子曹植天资聪颖，10岁时就可以写一手好文章。

曹植的哥哥曹丕(pī)做了皇帝，他心眼小，容不下这个才华横溢的弟弟，就找了个罪名，要处死他。他命令曹植："如果你能在七步之内作成一首诗，我就饶了你。如果做不成，就不要怪我无情。"曹植没有办法，就请他出个题目。

曹丕说："就以兄弟为题目，但不许出现兄弟二字。"曹植听完后，走出六步，就吟成了一首诗："煮豆持作羹(gēng)，漉(lù)菽(shū)以为汁。萁(qí)在釜(fǔ)下燃，豆在釜中泣。本自同根生，相煎何太急？"曹丕听了，便羞愧地放了他。

后来，南北朝诗人谢灵运就说："天下才有一石（十斗），曹子建（曹植）独占八斗。"这就是"才高八斗"的来源，比喻一个人文采极高。

知识密码

刺客高渐离——

他是战国末年时的燕人，擅长击筑，燕太子丹派荆轲谋刺秦始皇，到易水送行时，高渐离击筑，荆轲和歌。后来，他因为在筑内暗藏铅块，扑击秦始皇失败而被杀。

50 京

字里乾坤

jīng

京

趣话汉字

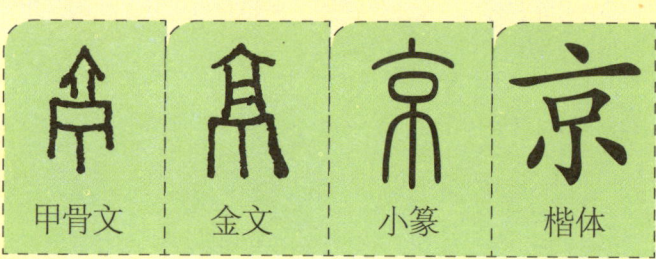

| 甲骨文 | 金文 | 小篆 | 楷体 |

京，象形字。甲骨文像人工堆起来的一个土堆，在土堆上面有个瞭望塔。随着演变，字形开始简化和规范化，下部变成"小"，中间简化成"口"，已基本看不出原形了。古代，在都邑里都要建筑用于瞭望预警的高耸亭台，也就是"京"。

汉字故事

刘伯温智修北京城

传说燕王朱棣(dì)在南京城居住时,打算在北方重建一座京城,于是找来大臣刘伯温,商议京城位置。刘伯温说:"让大将军徐达办这件事吧。"燕王命人找来徐达。刘伯温对徐达说:"凭你的神力往北射上一箭,箭落在哪儿就在哪儿修建京城。"徐达答应了,来到殿外,张弓搭箭,朝北方射去。刘伯温赶紧带人坐上船,顺着大运河往北追来。

这箭一直飞到如今北京城南20多里的南苑。南苑住着八家小财主,看见箭落下来慌了神。他们想:在这儿建城,自己的房产、田亩不就全被占用了吗?思来想去有了主意:咱们把箭再射走不就行了吗?于是箭又被往北射去,落到如今后门桥这个地方。

刘伯温追到南苑,知道箭应该落在这儿。他找来八家小财主,逼着要箭。财主们求告说:"只要不在这儿建城,你提什么条件都行。"刘伯温想了想:"好吧,但修建京城的钱由你们出。"财主们答应了。就这样经过好几年,北京城终于建起来了。

知识密码

北京猿人——

北京猿人正式名称为"中国猿人北京种",现在在科学上常称之为"北京直立人"。北京猿人生活在距今大约50万年前,遗址发现地位于北京市房山区周口店龙骨山。

51 亭

字里乾坤

tíng

趣话汉字

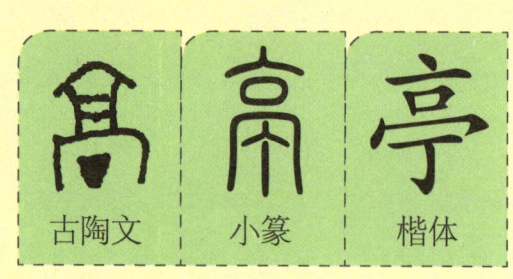

| 古陶文 | 小篆 | 楷体 |

亭，象形字。古陶文很像一座瞭望台，用以观察敌情，墙壁上还有横，代表窗户。篆文将屋顶与阁子分离，下面变成了"个"。到了楷书，又将下面的"个"写成了"丁"。汉字简化后，上部的窗户被写成"口"，书写更方便了。"亭"不仅指瞭望亭，后世还引申出"凉亭""书亭"等意思。

汉字故事

新亭对泣
xīn tíng duì qì

西晋灭亡了，朝廷被迫南下。作为东晋王朝的缔造者，王导这位"风流宰相"以过江士人为主体，集合了南北士人，共同辅佐晋元帝司马睿(ruì)，被元帝称为"吾之萧何"。

在皇帝登基大典上，司马睿要王导和他一同"升御床共坐"，同受百官朝拜。王导推辞再三，司马睿才独自上了龙座。当时的人都说，这是"王与马，共天下"

渡过长江的各位士人，每次遇到美好的日子，就互相邀请在新亭这个地方聚集，边赏花边饮酒作乐。周侯在中间坐着，叹道："风景跟往昔一样，江山却换了主人。"大家听了都相视流泪。只有丞相气概豪迈，说："应当共同合力效忠朝廷，最终光复祖国，怎么可以相对哭泣如同亡国奴一样。"以此激励各位士人振奋精神，为光复神州而努力。

知识密码

《兰亭集序》——

东晋穆帝永和九年三月三日，王羲之与谢安、孙绰等四十一位军政高官，在山阴兰亭"修禊(xì)"，会上各人作诗，王羲之为他们的诗写了序文，其手稿便是《兰亭集序》。

52 囱

字里乾坤

cōng

趣话汉字

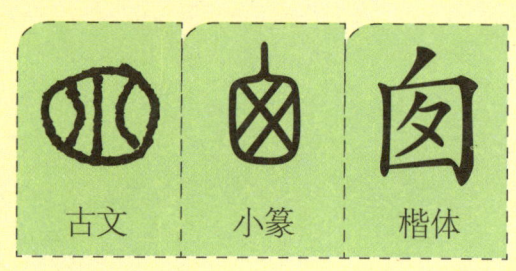

| 古文 | 小篆 | 楷体 |

囱，象形字。从字形看，《说文解字》中的古文"囱"像一个圆形的洞孔，内壁插着短栅。随着演变，又将孔洞的栅格写成两撇一捺，并在顶部加了一短竖，表示从屋顶突出的排烟管道，逐渐形成今天的样子。其实，"囱"最初就是窗户，但后来有了"窗"，它就变成了屋顶上的通烟排污孔了。

汉字故事

浓烟与烟囱

烟囱从早到晚不停地排出浓烟，从来不声不响。但浓烟就不同了，当它从烟囱里冲出来的时候，总是大模大样，张牙舞爪。不一会儿，它就胀得老大老大的，自以为很了不起。

有一天，浓烟嘲笑烟囱说："你真可怜，老是一动不动，像根木头，我比你高得多，你不觉得难为情吗？"

烟囱回答道："你比我高，比我粗大，还会跳舞，这都不假。但你只会随风飘荡，有什么值得骄傲的？"

浓烟冷笑着说："你这是忌妒我，我善于变化，而且越变越大！"

浓烟一边说，一边在空中摇摇摆摆地化开来了，颜色越变越淡，不久就消失不见了，而烟囱还是不声不响地立在那里。

知识密码

烟囱效应——

高层建筑内部一般设置楼梯间等竖向井道，当室内温度高于室外温度时，室内热空气因密度小，便沿着垂直通道上升，透过各种孔洞从高层渗出，室外冷空气因密度大，由低层渗入补充，这就形成烟囱效应。

53 巾

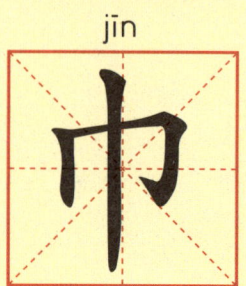

字里乾坤

jīn

趣话汉字

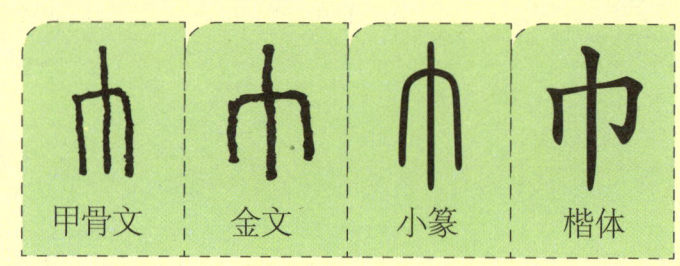

| 甲骨文 | 金文 | 小篆 | 楷体 |

巾,象形字。甲骨文就像挂着的一条布或一条手巾,金文和篆文基本继承甲骨文字形,没有太大改动,并一直延续至今。"巾"就是古代擦抹用的布,类似于我们今天所用的手巾。另外,它还有头巾、车巾的意思。

汉字故事

巾帼英雄梁红玉

梁红玉的祖父与父亲都是武将出身，她自幼随父兄练就了一身功夫。方腊起义时，祖父和父亲因贻误战机被杀，梁红玉也沦落为京口营妓。朝廷派童贯率军平定方腊，最后方腊被韩世忠所捉。

平定方腊后，在庆功宴上，韩世忠与梁红玉初次见面，二人一见钟情，结为眷属。此时宋高宗没有行动自由，隆祐太后和宰相朱胜非密派梁红玉驰往秀州，催韩世忠前来救助。韩世忠很快平定了苗傅等人的叛乱，授武胜军节度使。

这年冬天，金人再度进犯，从黄州和采石矶两处渡江，直逼临安，宋高宗逃至越州。韩世忠留守秀州。建炎四年元宵节，金兀术下战书与韩世忠，约定第二天开战。韩世忠听从梁红玉的计策，把金军杀得大败。后来，有奸细向金兀术献了一计：以土覆船板，以火箭烧毁韩世忠战船。但韩世忠用梁红玉的计策以少胜多，围困敌军近五十天，使金军不敢随便渡江侵犯。

后来，抗金名将岳飞被害，韩世忠也被罢去兵权，他索性辞去官职，与梁红玉白头相守。

知识密码

黄巾起义——

黄巾起义发生在东汉晚期，走投无路的贫苦农民在巨鹿人张角的号令下，纷纷揭竿而起，他们头扎黄巾，高喊"苍天已死，黄天当立，岁在甲子，天下大吉"的口号，向官僚(liáo)地主发动了猛烈攻击。

54 衣

字里乾坤

yī

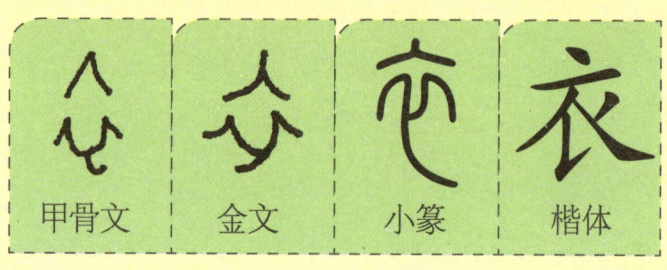

趣话汉字

| 甲骨文 | 金文 | 小篆 | 楷体 |

衣，象形字。甲骨文就像衣服之形，上部的"人"形是衣领，两侧开口是衣袖。金文继承甲骨文，篆文没有多大变化。随着演变，最后逐渐成为我们今天看到的样子。值得一提的是，古人服饰是上为衣，下为裳，由两部分构成的。

汉字故事

衣锦还乡 （yī jǐn huán xiāng）

秦末，楚人项羽率领军队打败了秦军主力，占领了秦王朝本土。

项羽率先领兵进入秦都咸阳，并举火焚烧秦朝宫室。项羽自以为大功告成，便夺取了秦朝的财宝和宫女，准备撤军东去。这时，有人好心地劝告项羽说："关中地区依恃山河，四面都是要塞，而且土地肥沃，足可以在此建都称霸，何必要回去呢？"

项羽听了，觉得有理。但他见秦朝宫殿都已被烧得惨不忍睹，再加上思念家乡心切，便决定回故乡。他说："人得到富贵了，如果不回家乡，就如同穿着锦绣衣服在黑夜中行走，谁能看得见呢？"项羽终于不听别人劝说，回兵东去。

项羽不听有识之士的金玉良言，从而失去了称霸关中，进而一统全国的最佳机遇。最终，他被劲敌刘邦打败，自刎于乌江。

后人便延伸出了"锦衣夜行"的成语，慢慢就有了衣锦当还乡的说法。"衣锦还乡"这一典故，用来比喻富贵还乡，夸耀故里，或指回本地当官。

知识密码

锦衣卫——

锦衣卫是明朝著名的特务机构，前身为明太祖朱元璋设立的"拱卫司"。作为皇帝侍卫的军事机构，朱元璋特令其掌管刑狱，赋予巡察缉捕之权，下设镇抚司，从事侦察、逮捕、审问等活动。

55. 户

字里乾坤

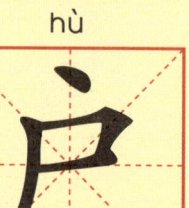

趣话汉字

| 甲骨文 | 小篆 | 楷体 |

户，象形字。甲骨文像是一块有转轴的木板，是门的一半。篆文继承甲骨文字形，楷书将篆文不完整的小门上的一短横变成一点，就渐渐变成现在的字形了。"户"就是指单扇门，后来又引申为出入口的通称，如门户、窗户，还有住户、一家一户等。

汉字故事

三户亡秦 (sān hù wáng qín)

秦朝末年，陈胜、吴广领导的农民起义爆发后，楚将项燕的儿子项梁和孙子项羽也在会(kuài)稽(jī)起兵伐秦。项梁屡破秦朝的城池，声威大振。

这时，年过七旬的范增也投入了项梁的起义军，成为项梁的得力谋士。范增给项梁分析了当时的形势，说："最近陈胜率领的起义军遭到大败，是理所当然的。因为他不拥立楚王的后代，却自立为王，所以他的事业不能长久。阴阳家楚南公说'楚虽三户，亡秦必楚'，这句话的意思是，楚国人即使只剩下三户人家，也还是要报仇雪恨的，将来推翻秦朝的一定是楚国人。"

项梁听从了范增的计策，在民间找到了楚怀王的孙子昭心，拥立他为楚王。项梁死后，项羽成为这支义军的首领，自称西楚霸王，范增成为项羽的谋士，项羽称范增为"亚父"。范增为项羽出谋划策，击败了秦军主力，为灭亡秦朝出了大力。"楚虽三户，亡秦必楚"的预言得到了应验。后来，"三户亡秦"这一典故，用来形容报仇雪恨、抗暴复国的坚强决心和意志。

知识密码

猎户星云——

猎户星云是位于猎户座的一颗弥散星云，距离地球仅1500光年，是距离地球最近的一个恒星形成区。它的亮度相当高，看上去像一头展翅飞翔的火鸟，故亦有"火鸟星云"的称号。

56 门

字里乾坤

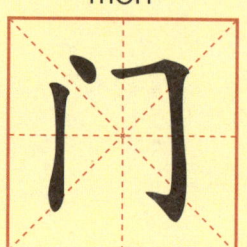

趣话汉字

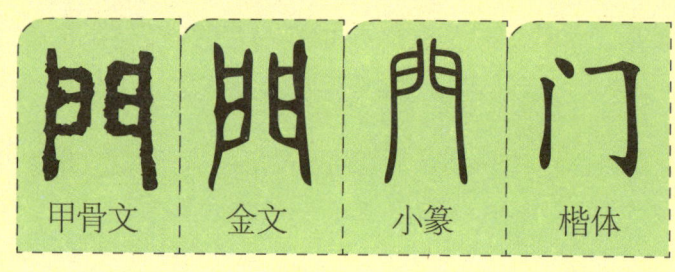

| 甲骨文 | 金文 | 小篆 | 楷体 |

门，象形字。甲骨文像两扇门的形象。金文继承甲骨文形象。汉字简化后，去掉了里面的两扇门，只留下一个大致的框架，仍表示"门"的意思。

汉字故事

门庭若市 (mén tíng ruò shì)

战国时,齐国的相国邹(zōu)忌为劝说齐威王广开言路,就给齐威王讲了这样一个故事。一天早晨,他穿戴整齐,然后问他的妻子:"我和城北徐公比较起来,谁长得英俊?""你英俊极了,徐公怎么比得上你呢?"妻子说。徐公是齐国出名的美男子。邹忌又去问他的爱妾,爱妾回答说:"徐公怎能比得上你呢?"

第二天,邹忌家中来了一位客人,邹忌又问了客人,客人说:"徐公哪有你这样俊美呢?"过了几天,正巧徐公到邹忌家来拜访,邹忌便乘机仔细地打量徐公,拿他和自己比较。结果,他发现自己实在没有徐公漂亮。

邹忌对齐威王说:"我不如徐公漂亮,但妻、妾、客人都说我比他漂亮,这是因为妻偏护我,妾畏惧我,客人有事求我。而我们齐国宫中上下,满朝文武,谁不畏惧您,全国百姓谁不希望得到您的关怀,看来恭维您的人一定更多,您一定被蒙蔽得非常严重了!"齐威王听了,下了一道鼓励进谏的命令,群臣前去进谏的,一时川流不息,朝廷门口每天像市场一样热闹。

知识密码

玄武门之变——

玄武门之变是唐高祖武德九年由秦王李世民在玄武门附近发动的一次流血政变。最终李世民杀死了自己的长兄皇太子李建成和四弟齐王李元吉,继承皇帝位,是为唐太宗,年号贞观。

57 开

字里乾坤

kāi

趣话汉字

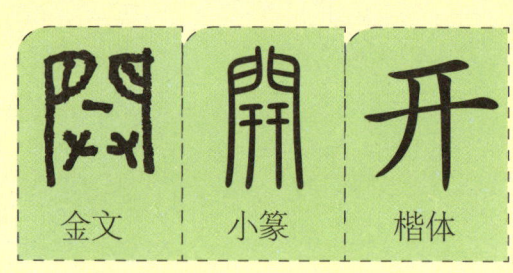

金文　小篆　楷体

　　开，象形字。金文字形的外部是两扇大门，内部的"一"是门栓，下面是一双手，表示用双手拉开门栓。到了篆文，将手拉门栓的动作写成了"开"。后来，楷书又将"开"连写成了"开"。汉字简化后，干脆将外部的"门"去掉，只留下里面的"开"，意义不变。

汉字故事

树上开花
shù shàng kāi huā

三国时期的张飞是一员猛将,同时也是一个有勇有谋的大将。刘备和曹操打了一仗,刘备败退,他令张飞断后,阻截追兵。

但是,张飞只有二三十个骑兵,这时他临危不惧,心生一计。他命令所率的二三十名骑兵都到树林子里去,砍下树枝,绑在马后,然后骑马在林中飞跑打转。张飞一人骑着黑马,横着丈八长矛,威风凛凛地站在长坂(bǎn)坡的桥上。

后来,追兵赶到,见张飞独自骑马横矛站在桥中,好生奇怪,又看见桥东树林里尘土飞扬。追击的曹兵马上停止前进,以为树林之中定有伏兵。就这样,张飞只带着二三十名骑兵,就阻止了追击的曹兵,让刘备和荆州军民顺利撤退。

在这里,张飞用的就是"树上开花"的计谋。树上开花,本指树上本来没有开花,但可以用彩色的绸子剪成花朵粘在树上,做得和真花一样,真假难辨。用在军事上,则指自己的力量比较小,却可以借友军势力或借某种因素制造假象,使自己的阵营显得强大。

知识密码

开斋节——

开斋节是伊斯兰教主要节日之一。伊斯兰教法规定,成年男女穆斯林在伊斯兰教历每年9月封斋一个月,每日自黎明前至日落后,禁绝饮食、房事和一切非礼行为,以省察己躬,洗涤罪过。

58 关

字里乾坤

趣话汉字

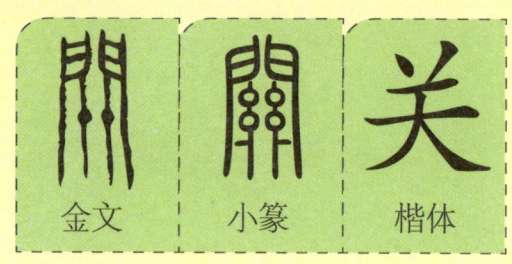

关,象形字。金文外为门形,门中有一对门闩,表示"关门"之意。篆文加"丝",表示门栓插进栓孔后,再加绳索系绑以防盗。汉字简化后,"门"被简化成两点,门栓被简化成"天"。最后,笔画复杂的这个字就被简化成看起来毫不相干的"关"字。关被引申为关口,指在险要地方或国界设立的守卫处所,如"嘉峪关"。

汉字故事

玉关人老 (yù guān rén lǎo)

西汉时期，大将军班超奉命驻守西域边关，抵御匈奴等入侵，守边关31年，匈奴闻之胆颤心惊。

只是班超年迈，思念中原的家人，便上书朝廷说："我听说，姜太公封于齐国，五世而归葬于周。狐狸死的时候，头总朝着它出生的土丘，胡地的马依恋北风。周和齐同在中国，相距不过千里，何况我远居绝域，怎能没有'依风'、'首丘'的思想感情呢？蛮夷的风俗，害怕年壮的，欺侮年老的。我班超犬马之齿日减，常恐年老体衰，倏(shū)忽死亡，孤魂漂泊于异域。昔者苏武滞留匈奴只不过19年。现在我持符节，捧印玺(xǐ)以监护西域，如年寿将终，死于驻地，那也没有什么可遗恨的。然而，我恐怕后世或许有人把我死于西域的事实记载下来。我不敢望到酒泉郡，只愿活着进入玉门关。"

班超的妹妹班昭也上书朝廷，请求把班超召回国，奏章送上去了，皇帝被她的语言所感动，便把班超召回来了。后来，人们就以"玉关人老"来借指久戍思归之情。

知识密码

山海关——

山海关也指山海关区，又称"榆关"，位于河北省秦皇岛市东北15公里，是明长城的东北关隘(ài)之一，有"天下第一关"之称，有"老龙头""孟姜女庙""角山""天下第一关"等六大风景区。

59. 井

字里乾坤

jǐng

趣话汉字

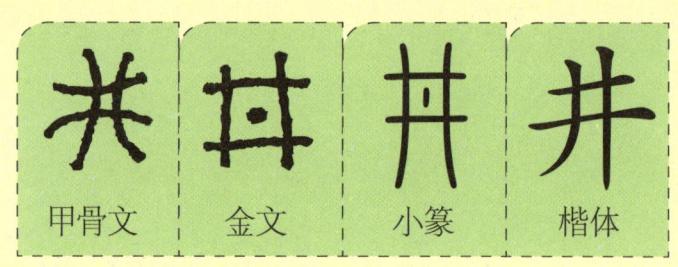

| 甲骨文 | 金文 | 小篆 | 楷体 |

井，象形字。甲骨文就像两纵两横构成的方形框架。金文承续甲骨文字形，但在方形框架中加了一个圆点，表示坑中有水。篆文承续金文字形。楷书为了书写方便，省去中间一点指事符号，渐渐变成今天我们看到的"井"字。在古代，有井的地方就有人家，井是有人的象征。

汉字故事

井底之蛙
jǐng dǐ zhī wā

《庄子》里有这样一个故事：在一口废井里，住着一只青蛙。有一天，这只青蛙在井边碰上了一只从海里来的大龟。青蛙就对海龟夸口说："你看，我住在这里多快乐！有时高兴了，就在井栏边跳跃一阵；疲倦了，就回到井里，在砖洞边睡一会。或者只露出头和嘴巴，安安静静地把全身泡在水里，或者在软绵绵的泥浆里散一回步，也很舒适。看看那些虾和蝌蚪，谁也比不上我。而且，我是这个井里的主人，在这井里极自由自在，你为什么不常到井里来游赏呢？"

那海龟听了青蛙的话，倒真想进去看看。但它的左脚还没有整个伸进去，右脚就已经绊住了。它连忙后退了两步，把大海的情形告诉青蛙："你看过海吗？海的广大，哪里只有千里；海的深度，哪里只有千来丈。古时候，十年有九年大水，而海里的水，并不涨多少；后来，八年里有七年大旱，海里的水，也不见得浅了多少。可见大海是不受旱涝影响的。住在那样的大海里，才是真的快乐呢！"

井里的青蛙听了海龟的一番话，再没有话可说了。

知识密码

龙井寺——

龙井寺原在浙江杭州龙井村西北落晖坞内。北宋乾祐二年，当地人募缘在此建报国看经院，后改称寿圣院；元丰年间，高僧辩才法师归老此寺，修葺(qì)屋宇，寺院得到振兴。

60 几

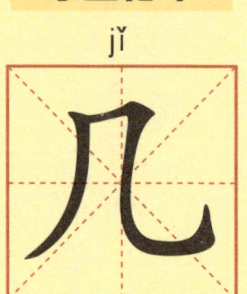

字里乾坤

jǐ

趣话汉字

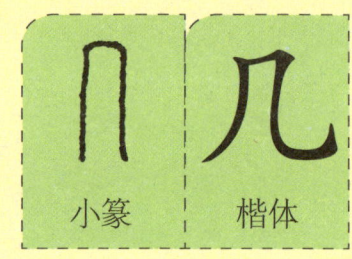

小篆　楷体

几，象形字。篆文就像是一张短而小的桌形，可以坐、卧、靠或放置东西，一器多用。楷书继承篆文字形，没有什么变动，一直沿用至今。现在每个客厅里几乎都有茶几，它就是用来放置东西的，往往设计得十分别致美观。

汉字故事

凭几据杖
píng jǐ jù zhàng

燕昭王登上了王位后，谦卑恭敬，以厚礼重金招聘贤才，准备依靠他们报仇雪耻。他去见郭隗(wěi)先生，说："齐国趁我国内乱，打败了燕国。我深知国小力弱，不可能报仇。然而如果能得到有才干的人，与他们共同管理国家，就可以洗雪先王的耻辱。请问要报国家的大仇，应该怎么办？"

郭隗先生说："成就帝业的国君，以贤者为师，同朝共事；成就王业的国君，以贤者为友，同朝共事；成就霸业的国君，以贤者为臣，同朝共事；亡国的国君，以贤者为奴仆，则不能保有国家。折节屈尊侍奉贤者，面向老师接受教导，那么，才干超过自己百倍的人就会到来；先于别人去劳役，后于别人去休息，先于别人向人求教，别人已经不求教了，自己还求教不止，那么才干超过自己十倍的人就会到来；靠着几案，拄着手杖，颐指气使，指手画脚，那么干杂活、服苦役的人就会到来；如果对人暴虐粗野，随便发怒，任意呵斥，那么唯唯诺诺、唯命是从的犯人、奴隶就会到来。这些都是古代招揽人才的办法。大王如果能够广泛选拔国内的人才，亲自登门拜访，那么天下的贤士一定都会奔赴燕国。"

知识密码

炕几——

炕几是在炕上使用的矮形家具。炕案较窄，放在炕的两侧端使用。

61 床

字里乾坤

chuáng

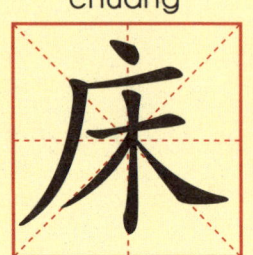

趣话汉字

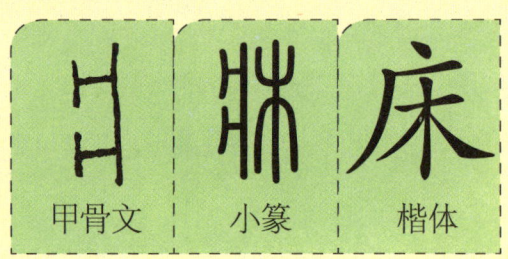

| 甲骨文 | 小篆 | 楷体 |

床，象形字。甲骨文像竖起来的一张床，床腿朝左，床面朝右。在甲骨文的基础上，篆文在右边增"木"，因为床是由木所制的。楷书又将左边的"床"写成了"广"，就变成了我们今天看到的字形。

汉字故事

dōng chuáng kuài xù
东床快婿

东晋时,郗鉴要为女择婿。他觉得丞相王导家子弟甚多,听说个个都才貌俱佳,于是希望能在王丞相家子弟中择婿。

一天,郗(xī)鉴命管家带上厚礼,来到王丞相家。王府的子弟听说郗太尉派人来觅婿,无不铆足了劲,仔细打扮一番出来相见。郗府管家看来看去,感觉王府的青年才俊个个都很好。最后,郗府管家来到东跨院的书房里,就见靠墙的床上有一个袒腹仰卧的青年人。这个年轻人正在吃胡饼,唯独他神色自若,好像漠不关心似的。管家见他这般神情,惊呆了。

郗府管家回到府中,对郗太尉说:"王府的年轻公子二十余人,听说郗府来觅婿,都争先恐后,只有东床上有位公子,袒腹躺着,一副若无其事的样子。"郗鉴说:"哈哈,我要选的就是他了!"郗鉴来到王府,才知道这个青年原来是王羲之,见他既豁达又文雅,才貌双全,当场下了聘礼,择为女婿。"东床快婿"一说就是这样来的。

知识密码

胡床——

　　胡床亦称"交床""交椅""绳床",是古时一种可以折叠的轻便坐具,功能类似小板凳,但人所坐的面非木板,而是可卷折的布或类似物,两边腿可合起来。

62 卜

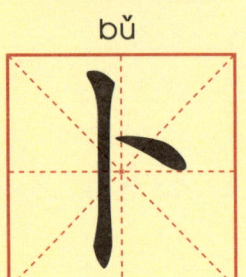

字里乾坤

bǔ

趣话汉字

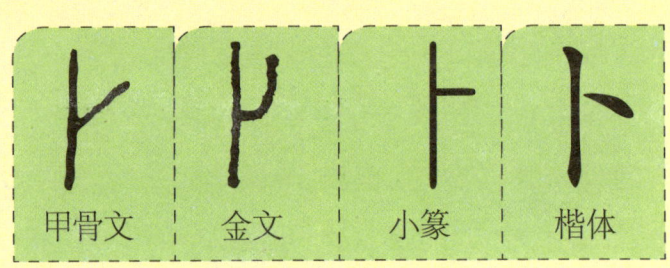

| 甲骨文 | 金文 | 小篆 | 楷体 |

卜，象形字。甲骨文就像是树杈，是巫师降神的道具。金文继承甲骨文字形。到了篆文，干脆就把斜形的枝杈改为一横，形成现在的字形。在我国古代，商代人特别爱占卜，他们将龟壳放在火上烤，以龟甲上的裂纹来分析吉凶。

汉字故事

wèi bǔ xiān zhī
未卜先知

三国时，孙策平定了江东后，就给汉朝进贡，汉朝派使者刘琬(wǎn)回来答礼。那天，孙策的几个弟弟一个个挨着拜见了刘琬，刘琬本来只想礼节性地点点头。可是，当他看到只有十五岁的孙权后，突然大有感慨，庆幸自己真的没有白来。

他回去后，就跟自己的同僚(liáo)说："这次去孙家，我发现孙家的几个兄弟看起来好像都不错，可是真正有福相的，一定是孙权，这孩子将来肯定会大福大贵，而且还是个长寿的主儿，活到七八十岁都没有问题。不信的话，我们可以走着瞧。"

果然，因为这句神奇的"未卜先知"的话，孙权后来果真当上了东吴的皇帝，而且还活了八十多岁，一连几个丞相都死了，他还没死。他那俩儿子等他死都等烦了，最后终于急得都谋了反。

知识密码

吉卜赛人——

吉卜赛人又称茨冈人，是以过游荡生活为特点的一个民族，原住印度西北部，10世纪前后开始外移，遍布世界各洲。作为一个天生爱流浪的民族，吉卜赛人内心有着很强的民族性格。

63 力

字里乾坤

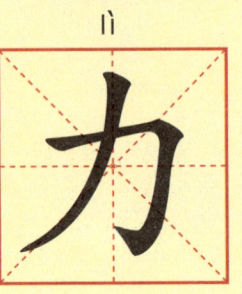

趣话汉字

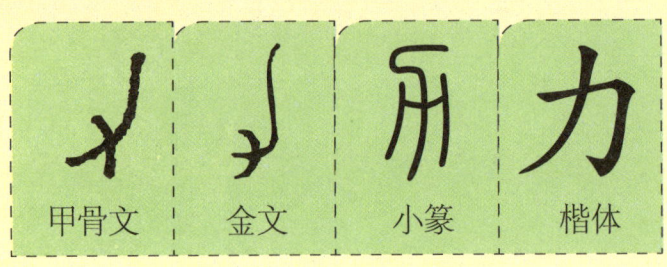

| 甲骨文 | 金文 | 小篆 | 楷体 |

力，象形字。甲骨文字形看样子像古代耕田用的犁，上部弯曲的部分是木制的犁把，下部就是耕田的铁制犁头。到了篆文，则变得不像犁的样子，反而有点像三齿的铁叉。耕田是要用力的，所以"力"字表示"力量"。

汉字故事

力透纸背 (lì tòu zhǐ bèi)

在中国历史上有两个人,他们既是书法家,又是著名的将领,一个是唐朝的颜真卿,一个是南宋的陆游。

颜真卿生活在唐朝安史之乱的时代,安禄山发动叛乱后,河北各郡大都被叛军占领,只有平原城因为颜真卿坚决抵抗,没有陷落。由于颜真卿在抗击安史叛军中立了大功,唐代宗把他封为鲁郡公。人们称他颜鲁公。颜真卿不仅有刚强的性格,他写的字也雄浑刚健,挺拔有力,文章也写得很深刻。当时的人们都说:当其用锋,常欲使其透过纸背,此成功之极也!意思是说颜真卿写的字遒劲有力。

在南宋的时候,也有一个像颜真卿这样的人,他就是陆游。陆游是南宋著名的爱国诗人。陆游一生渴望收复失地、统一祖国的强烈愿望,始终没有实现,只有用他的诗歌来表达他对祖国的热爱和对民族的忧虑。清代诗人赵翼说:陆游的诗才气豪健,意境清新。他在写诗之前,构思精深,所写出来的东西,力透纸背。"力透纸背"这句成语,后来就常用来形容诗文立意深刻,造句精炼,也用来说书法刚劲有力。

知识密码

高力士——

高力士是唐代的有名宦臣之一,著名的典故"力士脱靴"说的是:有一次,李白喝醉了,竟然伸出脚让高力士为自己脱靴,惹恼了在朝中权力很大的高力士,最后因高力士的报复而被唐明皇李隆基贬谪(zhé)。

64. 弓

字里乾坤

gōng

趣话汉字

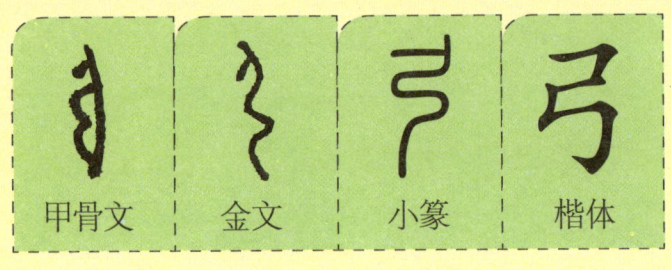

| 甲骨文 | 金文 | 小篆 | 楷体 |

弓，象形字。甲骨文的左边是弓背，右边是弓弦。金文的形体只有弓背，省掉了弓弦。篆文与金文相似，还有弓的样子，但到了楷书，就已经看不出弓形了。作为利用有弹性的弯拱和丝弦射箭或发弹的古代战械，弓是战场上不可少的兵器之一。

汉字故事

杯弓蛇影
bēi gōng shé yǐng

杯弓蛇影,是汉语中的一个成语,也是一个典故,出自应劭的《风俗通义·怪神》。

乐广在河南做官,他有一个亲密的朋友,分别很久不见再来,乐广就问朋友不来的原因。友人回答说:"前些日子来你家做客,承蒙你给我酒喝,正端起酒杯要喝酒的时候,看见杯中有一条蛇,心里十分害怕它,喝了那杯酒后,就得了重病。"

当时,他家的墙壁上挂着一张弓,弓上有一条用漆画的蛇,乐广猜想杯中的蛇就是弓的影子了。他在原来的地方再次请那位朋友饮酒,对朋友说道:"酒杯中是否又看见了什么东西?"朋友回答说:"所看到的跟上次一样。"于是乐广就告诉他其中的原因,客人心情豁然开朗,疑团突然解开,长久而严重的病顿时好了。

知识密码

神臂弓——

神臂弓又称神臂弩,北宋神宗时发明,弓身长三尺三,弦长二尺五,射程远达二百四十多步,其他器械都比不上,成为宋军弩手的制式兵器之一。

65. 刀

字里乾坤

dāo

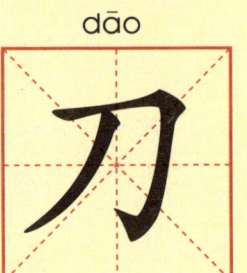

趣话汉字

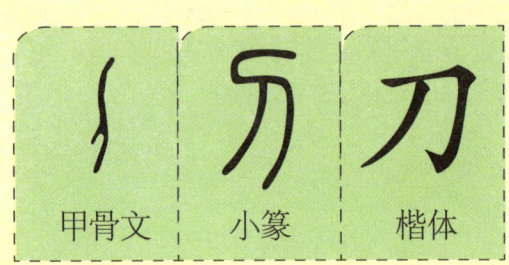

| 甲骨文 | 小篆 | 楷体 |

刀，象形字。甲骨文上部是刀柄，下部是刀头。到了篆文，刀柄变成了弯曲形，不过还有点"刀"的样子。但是到了楷书，刀柄已经看不到，字形开始抽象化，也就是现在看到的样子。

汉字故事

磨刀不误砍柴工

古时候有一个老农民,他有两个儿子。有一天,他叫来了两个儿子,对他们说:"我已经老了,体力也不支了,也该退休了,门后有许多柴刀,自己挑选一把上山去砍柴吧。"

大儿子对父亲说:"爹,你在家里好好歇歇吧,我和弟弟会去砍柴的。""对,我和哥哥能做好的。"小儿子在一边附和道。

事不宜迟,大儿子边上山边想:我一定要早点上山,多砍点柴来,让父亲高兴高兴。小儿子却想:这刀破了好几个口,还生了锈,我应该先磨磨刀。于是,小儿子便先拿出磨刀石磨刀。

小儿子磨了一上午的刀,下午才去砍柴,不一会儿,便砍了满满两担柴,而干了一天的大儿子只砍了一小担柴。大儿子满头大汗地挑着柴回家了,他刚回家一会儿,小儿子便回来了。父亲奇怪地问小儿子:"你比大哥迟上山,为啥你砍的柴比大哥多呢?""如果刀没磨快,怎么能够砍得又快又多呢?"小儿子自豪地回答道。

父亲听了,脸上露了欣慰的笑容,语重心长地说:"磨刀不误砍柴工啊。"

知识密码

刀马旦——

刀马旦是京剧里"旦"的角色之一,专演巾帼(guó)英雄,提刀骑马,武艺高强,身份大多是元帅或大将,因此以气势见长,例如樊(fán)梨花、穆桂英等。

66 矛

字里乾坤

máo

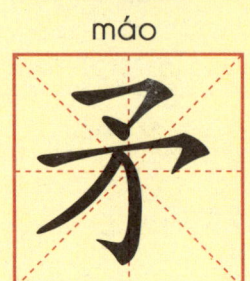

趣话汉字

| 金文 | 小篆 | 楷体 |

矛，象形字。金文字形像是上有锋利的矛头、中有扣环、下有长柄的武器。篆文进行了美化，字形失去尖锋形象。最后，经过不断规范化，就成为我们今天看到的字形了。与盾一样，矛也是一种战争武器，成语"自相矛盾"说的就是这两种兵器的故事。

汉字故事

亡戟得矛
wáng jǐ dé máo

春秋时期，齐国和晋国打仗。有一个士兵在混战中把戟给丢了，但捡到了一支矛。

在后退时，他心里很不舒服，就问一个路人："我丢了戟，但是捡到一支矛，不知道可不可以回去？"路人说："戟是兵器，矛也是兵器，同样是兵器，你为什么不可以回去呢？"

听了路人的话，他继续往回走，但心里仍旧不痛快。这时，他遇到了高唐大夫，就问高唐大夫："我丢了戟，捡到了矛，这样的情况可以回去吗？"高唐大夫说："矛毕竟不是戟，戟也不可能是矛，你丢了戟而得到矛，不怕回去了被问责吗？"

这个人一听这话，感叹一声，觉得自己还是应该回去把戟捡回来。于是，他就回去找戟，战争还在继续，他英勇战死。高唐大夫说："我听说君子是要救人于难的。"于是，他也赶回战场，也战死了，再也没回来。

知识密码

茜矛——

茜矛，古代短兵器的一种，可手持和佩带，是步卒使用的武器。现已见最早的铜剑是西周初的，春秋已有长剑，战国、秦、汉时最为盛行。

67. 盾

字里乾坤

dùn

趣话汉字

| 甲骨文 | 金文 | 小篆 | 楷体 |

盾，象形字。甲骨文是士兵执拿盾牌的形象。随着演变，字形逐渐发生了较大变化，自此，它的字形才开始定型。

汉字故事

自相矛盾
zì xiāng máo dùn

楚国有一个卖兵器的人,到市场上去卖矛和盾。

有好多人上前来看,他就举起他的盾,向大家夸口说:"我的盾,是世界上最最坚固的,无论怎样锋利尖锐的东西也不能刺穿它!"

接着,这个卖兵器的人又拿起一支矛,大言不惭地夸起来:"我的矛,是世界上最尖利的,无论怎样牢固坚实的东西也挡不住它一戳,只要一碰上,马上就会被它刺穿!"

说着说着,他十分得意,便又大声吆喝起来:"快来看呀,快来买呀,世界上最最坚固的盾和最最锋利的矛!"

这时,一个看客上前拿起一支矛,又拿起一面盾问道:"如果用这矛去戳(chuō)这盾,会怎样呢?"

"这……" 围观的人先都一愣,然后突然爆发出一阵大笑,便都散了。

那个卖兵器的人,只好灰溜溜地扛着矛和盾走了。

知识密码

赵盾——

赵盾名盾,谥号宣,时人尊称其为赵孟,史料中多称之为赵宣子、宣孟,是赵衰之子,一生侍奉三朝,是杰出的政治家、战略指挥家。

68 车

字里乾坤

chē

趣话汉字

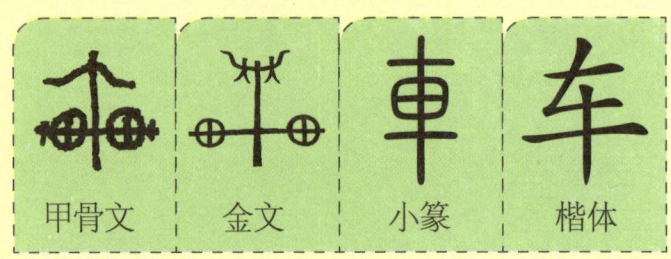

| 甲骨文 | 金文 | 小篆 | 楷体 |

车，象形字。甲骨文是车的上视形，中间的一条长竖线是车辕，车辕的上端是"衡"，两个圆形是车轮。金文继承甲骨文字形，篆文仅保留了一个车轮。汉字简化后，车轮形象开始完全消失。在上古，"车"专指战车，是用来打仗的，后来慢慢变成交通工具，比如马车。

汉字故事

螳臂当车
tángbìdāngchē

春秋时,齐庄公有一次坐着车子出去打猎,他忽然看见路旁有一只小小的虫子,伸出两条臂膀似的前腿,要想阻挡前进中的车轮。

庄公问驾车的人:"这是一只什么虫子?"

驾车的人回答说:"这是一只螳螂,它看见车子来了,不但不知道赶快退避,却还要来阻挡,真是自不量力啊!"

庄公笑了笑,说道:"怎么会是自不量力呢?这是一个好出色的勇士,我们别伤害它吧!"说着,他就叫驾车的人把车子靠边,让开它,从路旁走过去。

这件事情很快就传开了。人们都说庄公敬爱勇士,于是就有好多勇敢的武士来投奔他。

但是,实际上,"螳臂当车"作为一句成语,现在却并不比喻出色的勇士,而是比喻自不量力的可笑人物。

知识密码

车裂——

所谓车裂,就是把人的头和四肢分别绑在五辆车上,套上马匹,分别向不同的方向拉,这样把人的身体硬撕裂为五块,极为残酷,所以名为车裂。

69 舟

字里乾坤

zhōu

趣话汉字

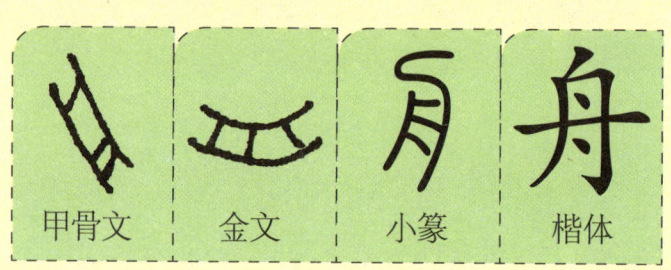

| 甲骨文 | 金文 | 小篆 | 楷体 |

舟，象形字。甲骨文就像一只木船，有船舷、船头和船尾。金文承续甲骨文字形，只是将舟放平了，是"一叶轻舟行于水"的形象。最后，随着演变，又把舟给竖了起来，上端的曲线就是船尾的舵，十分形象。

汉字故事

kè zhōu qiú jiàn
刻舟求剑

春秋时期,楚国有一个人想要渡江。他坐在小舟里,不小心将自己的剑从船中掉到水里了。

他十分着急,朝剑落下去的方向看去,哪里还有它的影子?看着湍(tuān)急的水流,他急忙在船边上用刀在掉下剑的地方做了个记号,说:"这是我的剑掉下去的地方,等我上了岸再找。"

船到目的地后就停了下来,这个楚国人立马从他刚刚刻记号的地方跳到水里去找剑,可是,他找了好久,仍旧一无所获。他垂头丧气地上了岸,一位路人问他出了什么事,他将事情的原委告诉了这位路人。路人说:"你这样怎么能找到自己的剑呢?船已经行驶了,但是剑没有移动,像这样找剑,不是很糊涂吗?"

这个故事告诉我们:世界上的事物,总在不断地发生变化,不能凭主观想法做事情。人不能死守教条,情况变了,解决问题的方法、手段也要随之变化,否则就会失败,不能片面、静止、狭隘地看待问题。

知识密码

赛龙舟——

赛龙舟是端午节的习俗,在中国南方很流行,在北方也有划旱龙舟的习惯。关于其起源有多种说法,有祭曹娥、祭屈原、祭水神或龙神等说法。

70 网

字里乾坤

wǎng

趣话汉字

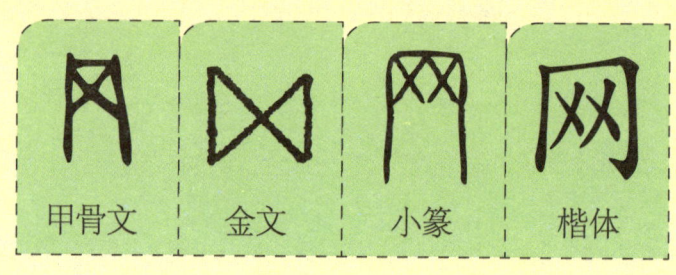

| 甲骨文 | 金文 | 小篆 | 楷体 |

网，象形字。甲骨文的左右两边是插在地上的两条木棍，中间挂的是一面网。到了金文，将两个木棍去掉，篆文又突出了两边的木棍。楷书突然变得复杂起来，中间加了"亡"以表声，又在左边加"糸"，强调"网"是用绳编织的。到最后汉字简化，为了书写方便，又干脆简化为"网"。

汉字故事

天罗地网 (tiān luó dì wǎng)

楚平王身旁有个很会拍马屁的人,名叫费无极。一次,他奉命到秦国去给太子华建迎接新娘,见新娘非常美丽,便怂恿平王把她留作自己的妃子。昏庸好色的平王居然照办。这件事传开后,成为一大丑闻。

太子华建的老师伍奢,是个刚正不阿的大臣。费无极生怕他今后帮助太子惩罚自己,便怂(sǒng)恿(yǒng)平王诱杀了他及其长子。后来他又派人去杀害太子华建,华建得到风声,连夜逃跑,赶到樊城见伍员,告诉了他父兄被杀的情况,并说费无极已派他的儿子费得雄赶到樊城来杀他。

过了几天,费得雄果然来到樊城。见了伍员后,他谎称平王要重赏伍员,请伍员立刻启程回朝。伍员故意问道:"我已半年未曾回朝,不知我家父兄等是否安康?"费得雄装模作样地说:"你们伍家很兴旺!"伍员听了勃然大怒,痛斥道:"你们这伙坏蛋,把我全家杀绝,还无耻地说我伍家兴旺!"伍员痛打了他一顿,弃官而走。后来他当了吴国的大夫,促使吴国战胜楚国,为父兄报了仇。

知识密码

天网恢恢——

天网恢恢,疏而不漏:出自老子的《道德经》,比喻天道公平,作恶就要受到惩罚,它看起来似乎很不周密,但最终不会放过一个坏人。比喻作恶的人终究逃脱不了天法的惩处。

71 册

字里乾坤

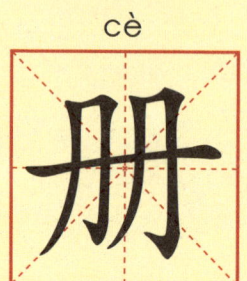

cè

趣话汉字

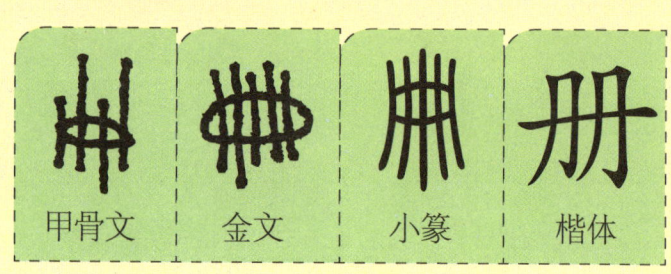

| 甲骨文 | 金文 | 小篆 | 楷体 |

册，象形字。甲骨文当中是一个长方形，表示编竹简或木简的绳索或皮条，上下贯穿的竖线就像刻有文字的竹简或木简。在后来的演变过程中，"册"的字形并没有太大变化，后来中间的长方形简化为一横，逐渐定型。在没有纸之前，古人的文字都是刻在竹简上。

汉字故事

册封与诸侯

周王朝时，诸侯分封，周王常常需要靠册封来笼络诸侯。到考王时，已无土可封了，他的儿子周威烈王只好用名义上的恩泽来笼络诸侯，这就是册封爵(jué)位。周贞定王在位时，晋国的三个大夫赵襄子、韩康子、魏桓子把控全国，晋国实质上已经相当于三个独立的国家了，但是在名义上，它们还是大夫之国，而非正式的诸侯。这样，在外交方面，三家大夫就显得很没面子。周威烈王就投其所好，在公元前403年正式册封韩、赵、魏三家大夫为诸侯。

次年，周威烈王去世后，其子姬骄继承王位，史称周安王。安王觉得父亲的招数不错，就也想找机会搞个册封。公元前391年，齐国的相国田和将齐国国君康公流放到了海岛上，只留下一城之地作为康公的食邑，其他领土都归自己所有，田氏在事实上替代姜氏成为齐国的新统治者。公元前386年，安王正式加封田和为齐侯。

公元前376年，当年被周威烈王册封为正式诸侯的韩、赵、魏，瓜分了晋国领土，彻底灭亡了晋国。

知识密码

鱼鳞(lín)**图册**——

鱼鳞图册是旧时为征派赋役和保护封建土地所有权而编制的土地登记簿册。册中将房屋、田地、山林、池塘挨次排列、逐段连缀地绘制在一起，标明相应的名称，因其形似鱼鳞而被称为"鱼鳞图册"。

72 仓

字里乾坤

cāng

趣话汉字

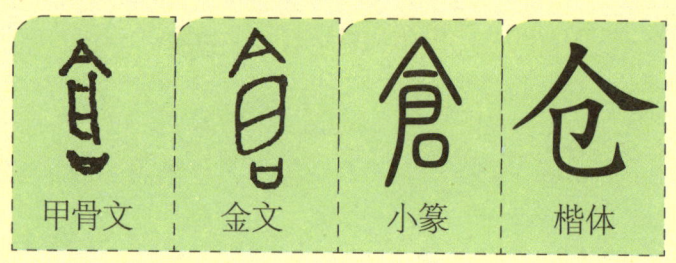

| 甲骨文 | 金文 | 小篆 | 楷体 |

仓,象形字。甲骨文很有点粮仓的味道,上面是仓的屋顶,中心是粮仓的一扇门,下面是仓的基石。篆文和甲骨文类似,只是将中间那扇门的门枢由右边移到了左边。楷书看不出粮仓的样子,门与基石变成了"君"形。汉字简化后,"君"形消失,就成为现在看到的样子。

汉字故事

明修栈道，暗度陈仓
(míng xiū zhàn dào，àn dù chén cāng)

项羽自封为西楚霸王后，就向各诸侯分封领地，其中把巴、蜀、汉中三郡分封给刘邦，立为汉王。

刘邦在去领地途中令部下烧毁了栈道，向项羽表示没有向东扩张的意图。待具备了一定的实力后，刘邦便抓住时机迅速挥师东进，要与项羽一争。于是，韩信出了"明修栈道，暗度陈仓"的计策。

陈仓是刘邦进入关中的必经之地，两地之间有崇山峻岭阻隔，又有雍(yōng)王章邯(hán)的重兵把守。刘邦按韩信的计策派了最信任的大将——樊哙(kuài)带领一万人去修五百里栈道，并以军令限一月内修好。当然，这样浩大的工程即使三年也不可能完成。

正是这一点，迷惑麻痹了陈仓的守将。陈仓的雍王章邯万万没想到，刘邦的精锐部队早已摸着无人知晓的小道翻山越岭，偷袭了陈仓。通过"明修栈道，暗度陈仓"，刘邦顺利挺进关中，站稳了脚跟，从此拉开了他开创汉王朝事业的大幕。

知识密码

仓颉(jié)**造字——**

仓颉，号史皇氏，陕西白水人，是中国神话人物，传说他是黄帝时期造字的史官，被尊为"造字圣人"，也是道教中的文字之神。

73

字里乾坤

mǐn

皿

趣话汉字

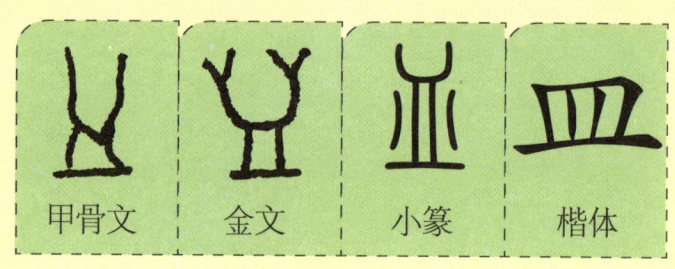

| 甲骨文 | 金文 | 小篆 | 楷体 |

皿，象形字。甲骨文字形就像是一个敞口无盖的高脚盛器。金文承续甲骨文字形，但大大夸张了盛器的两耳。后来，篆文将两个提耳从盛器上分离成两竖，字形逐渐定型。在生活中，我们总会用到碗、碟、杯、盘一类的用器，它们都是常用的装东西的器皿。

汉字故事

美丽的饮酒器皿——夜光杯

传说西汉时，年轻有为的骠(piào)骑将军霍去病奉汉武帝之命，率兵到西北边疆(jiāng)攻打侵边掠民的匈奴。后来这位将军大败匈奴，凯旋后，驻扎在风景秀丽的泉边，举行庆功宴。皇帝闻知打了胜仗的喜讯，赐御酒一坛。霍去病将军以为打了胜仗，功在全军将士，御酒不能独饮，但酒少人多，不足分配，于是倾酒于泉中，与众将士共饮同享。从此，酒泉之名，流传千古，遂称此泉为酒泉。

又有传说，酒泉城下有泉水，水中有股浓浓的酒香，五里以外都能闻到。有一天，酒香被天上出来巡视的两个神仙南斗星君和北斗星君闻到了。这两个老头儿是天上有名的酒仙，闻见浓浓的酒香，自然不会放弃，于是按低云头，落在泉边的大柳树旁。北斗星君蹲在泉边一闻，连声称赞："好一个酒泉！"南斗星君顺手捡起一块石头，变成两个饮酒的器皿。他们一边在泉边开怀痛饮，一边在石板上下起棋来。不知不觉，天渐渐黑了，正巧又无月光，但奇怪的是棋盘还看得清清楚楚。一留心，原来是酒杯发出的光。从此以后，仿二位神仙留下的酒杯而琢成的酒杯就叫"夜光杯"了。

知识密码

北皿、南皿与中皿——

清代各省贡监生参加顺天乡试，分南、北、中三卷。奉天、直隶、山东、河南、山西、陕西的贡监生，叫北皿；江南、江西、浙江、福建、湖广、广东的贡监生，叫南皿；四川、广西、云南、贵州的贡监生，叫中皿。

74. 鼎

字里乾坤

dǐng
鼎

趣话汉字

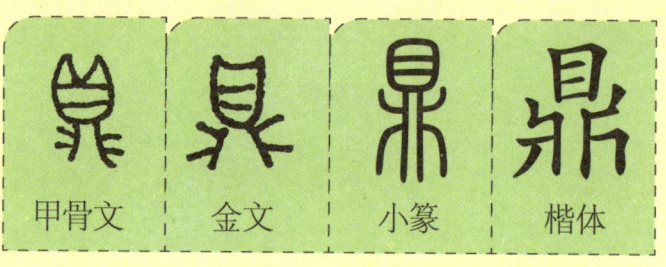

| 甲骨文 | 金文 | 小篆 | 楷体 |

鼎，象形字。甲骨文的上端是鼎的双耳，中间是腹部，下面是足。金文的形体稍有变化，篆文已经美化得不像鼎形，但已有简体字的雏形。在古代，"鼎"最初用作烹煮的炊器，后来发展成统治阶级表示尊严的庙堂礼器。

汉字故事

问鼎中原 (wèn dǐng zhōng yuán)

夏桀(jié)无道，国家灭亡，九鼎为成汤所得，成汤就建立了商朝。商朝到了纣王时代，他暴虐亡国，九鼎为姬发所得，姬发就建立了周朝。

公元前606年，楚庄王熊侣借伐陆浑之戎的机会，把楚国大军开到东周的首府洛阳南郊，举行盛大的阅兵仪式。即位不久的周定王忐(tǎn)忑(tè)不安，派善于应对的王孙满去慰劳。

庄王见了王孙满问道："周天子的鼎有多大？有多重？"王孙满委婉地说："一个国家的兴亡在德义的有无，不在于鼎的大小轻重。"庄王见王孙满拿话挡他，就直接说道："你不要自恃有九鼎，楚国折下戟钩的锋刃，足以铸成九鼎。"善辩的王孙满说："大王您别忘了，当初夏禹是因为有德，天下诸侯都拥戴他，各地才贡献铜材，启才能铸成九鼎以象万物。后来夏桀昏乱，鼎就转移给了商；商纣暴虐，鼎又转移给了周。如果天子有德，鼎虽小却重得难以转移；如果天子无德，鼎虽大却是轻而易动。周朝的国运还未完，鼎的轻重是不可以问的。"庄王无话可说。

从此以后，人们就将企图夺取政权称为"问鼎"。

知识密码

九鼎与中国——

夏朝初年，夏王大禹划分天下为九州，令九州州牧贡献青铜，铸造九鼎，将九州的名山大川、奇异之物镌刻于九鼎之身，以一鼎象征一州，并将九鼎集中于夏王朝都城。这样，九州就成为中国的代名词。

75 · 穴

字里乾坤

xué

趣话汉字

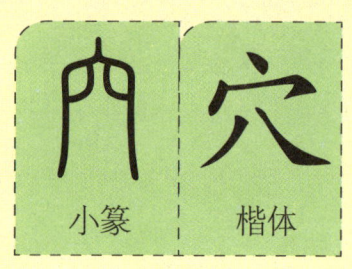
小篆　楷体

穴，象形字。篆文写成屋形，表示远古先民以穴为屋。随着演变，楷书又写成了"宀＋八"，石洞形状开始消失，也就是我们今天看到的样子。在远古时期，人类都是穴居于野。直到现在，世界上还有一些人在穴居呢。

汉字故事

不入虎穴，焉得虎子
bù rù hǔ xué yān dé hǔ zǐ

东汉时，汉明帝召见班超，派他到新疆去，和鄯(shàn)善王交朋友。班超带着一队人马，不怕山高路远，一路跋涉而去。他们千里迢迢，来到了新疆。鄯善王听说班超出使西域，亲自出城迎候。

过了几天，匈奴也派使者来和鄯善王联络感情，鄯善王热情款待他们。匈奴人在主人面前说了东汉许多坏话。鄯善王顿时黯然神伤，心绪不安。第二天，他拒不接见班超，态度十分冷淡，他甚至派兵监视班超，班超立刻召集大家商量对策。班超说："只有除掉匈奴使者才能消除鄯善王的疑虑，使两国和好。"可是班超他们人马不多，而匈奴兵强马壮，防守又严密。

班超说："不入虎穴，焉(yān)得虎子！"这天深夜，班超带了士兵潜到匈奴营地。他们兵分两路，一路拿着战鼓躲在营地后面，一路手执弓箭刀枪埋伏在营地两旁。他们一面放火烧帐篷，一面击鼓呐喊。匈奴人大乱，结果全被大火烧死和乱箭射死。

鄯善王知道真相后，便和班超言归于好。

知识密码

穴居人——

在20万年前，一种被称为穴居人的直立人拥有了与现代人几乎相同的大脑。穴居人是冰河时期的王者，曾和现代人类的祖先一起生活在地球上，但最终人类的祖先留了下来，而穴居人却消失了。

cháng	é	bēn	yuè		cháng	é	bēn	yuè
嫦	娥	奔	月		嫦	娥	奔	月
嫦	娥	奔	月		嫦	娥	奔	月

 山

yú	gōng	yí	shān
愚	公	移	山
愚	公	移	山

yú	gōng	yí	shān
愚	公	移	山
愚	公	移	山

wáng	yáng	bǔ	láo		wáng	yáng	bǔ	láo
亡	羊	补	牢		亡	羊	补	牢
亡	羊	补	牢		亡	羊	补	牢

鹿

zhǐ	lù	wéi	mǎ
指	鹿	为	马
指	鹿	为	马

zhǐ	lù	wéi	mǎ
指	鹿	为	马
指	鹿	为	马

 兔

shǒu	zhū	dài	tù	shǒu	zhū	dài	tù
守	株	待	兔	守	株	待	兔
守	株	待	兔	守	株	待	兔

鸟

jīng	gōng	zhī	niǎo		jīng	gōng	zhī	niǎo
惊	弓	之	鸟		惊	弓	之	鸟
惊	弓	之	鸟		惊	弓	之	鸟

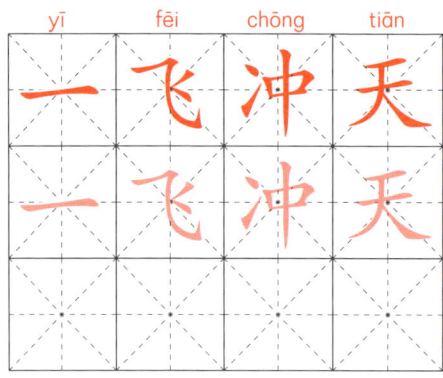
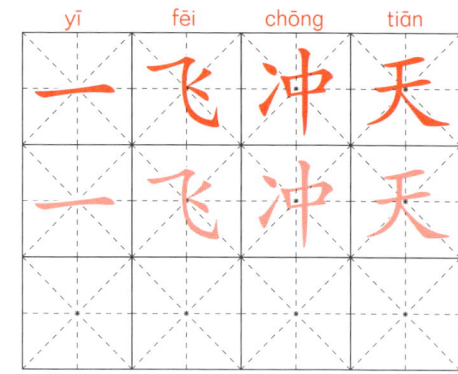

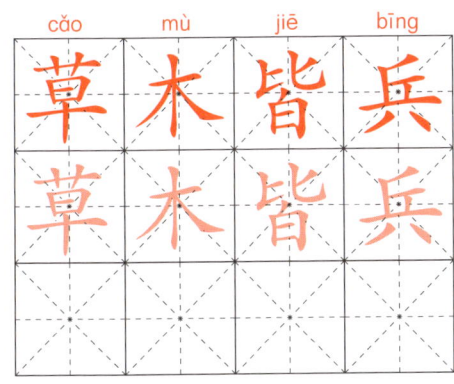

草木皆兵
cǎo mù jiē bīng

dǎo	gē	xiāng	xiàng		dǎo	gē	xiāng	xiàng
倒	戈	相	向		倒	戈	相	向
倒	戈	相	向		倒	戈	相	向

 西

shēng	dōng	jī	xī		shēng	dōng	jī	xī
声	东	击	西		声	东	击	西
声	东	击	西		声	东	击	西

 衣

yī	jǐn	huán	xiāng
衣	锦	还	乡
衣	锦	还	乡

yī	jǐn	huán	xiāng
衣	锦	还	乡
衣	锦	还	乡

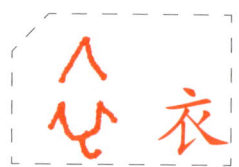

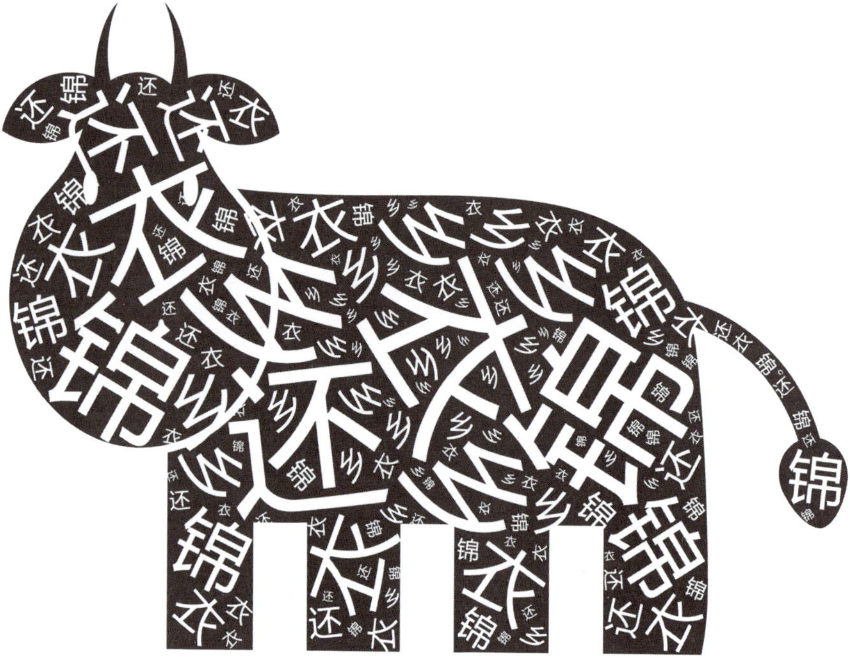

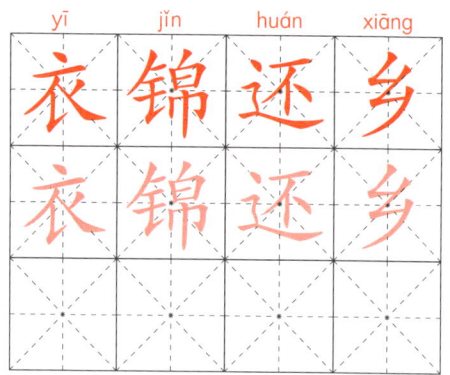

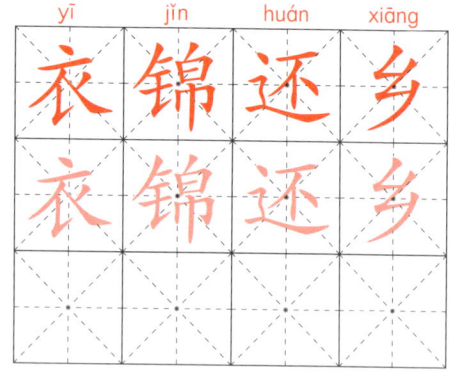

jǐng	dǐ	zhī	wā		jǐng	dǐ	zhī	wā
井	底	之	蛙		井	底	之	蛙
井	底	之	蛙		井	底	之	蛙

bēi	gōng	shé	yǐng
杯	弓	蛇	影
杯	弓	蛇	影

bēi	gōng	shé	yǐng
杯	弓	蛇	影
杯	弓	蛇	影

 盾

zì	xiāng	máo	dùn
自	相	矛	盾
自	相	矛	盾

zì	xiāng	máo	dùn
自	相	矛	盾
自	相	矛	盾

使用说明:

1. 涂色。描红本图像中填充的文字是白色的,可以自由涂色。
2. 描红。描红本中有描红田字格,可以在田字格中描写文字。

涂色大赛:

1. 参加涂色大赛的小朋友,请首先关注我们的公众号。
2. 请在2016年6月1日前将涂好色的图片发至公众号后台,或者发到邮箱 xiaodouyadushu@163.com。
3. 我们将会为收到的作品举办微信投票活动。
4. 收获票数最多的前三名,将会获得我们提供的精美礼品一份。

关注我们的微信
参加涂色大赛吧